とびきりの香りと食感、ぎゅっと！

オイルで作る

味わいリッチなクッキーレシピ 101

gemomoge

KADOKAWA

はじめに

ページを開いてくれたあなた！　ありがとうございます。

これはまったく新しいクッキーのレシピブックです。

普段の生活の中で
もっと気軽にクッキー作りを楽しみたいと思ったことは
ありませんか？

私はお菓子作りが大好きなのですが、
正直なところ、ついコンビニでクッキーを買ってしまうことも多いんです……。

なんで自分で作ろうとは思わないんだろう？　と考えてみたら、
バターを使うのがちょっと面倒だからだって気づきました。

そこで思いついたのが、
「バターではなくオイルで作れば、もっと簡単にできるんじゃないか？」というアイディア。
この発想から、この本の企画がスタートしました。

オイルで作るクッキーでも、ただ簡単なだけではなくて、
ちゃんと特別感もあるレシピにしたい。
そう心に決めて試作を重ねた結果、
ついに自信を持っておすすめできるレシピが完成しました。

サクッとおいしく、食感にもこだわったクッキーがいっぱい！
オイルだからこそ引き立つ素材の風味を楽しめる101種類のレシピを、
この本にギュッと詰め込んでいます。

基本のレシピに加えて、いろいろなアレンジを楽しめるレシピも盛りだくさん。
サクサク、ザクザク、ホロホロ、カリカリ、パリパリ、しっとり。
皆さんはどのクッキーから作りますか？

「バターなしのクッキーって、本当においしいの？」と思う方にも、
ぜひこのオイルクッキーを試していただきたいです。

素材の香りがしっかり楽しめて、
バターとは違う新しいクッキーの魅力を感じていただけるはずです。

この本が、皆さんのクッキーライフをもっと楽しく、
もっとおいしいものにする一冊となることを願っています！

gemomoge

Contents

はじめに……………2

この本の使い方……………8

part 1 ドロップクッキー

1 ココナッツクッキー……………10
2 ロッククッキー　ナッツのせ……………12
3 ロッククッキー　チェリー入り……………14
4 ロッククッキー　バナナチョコ入り……………15
5 ノンオイルアーモンドクッキー　プレーン……………16
6 ノンオイルアーモンドクッキー　コーヒー味……………18
7 ノンオイルアーモンドクッキー　クリームチーズサンド……………19
8 アメリカンチョコチップクッキー　プレーン……………20
9 アメリカンチョコチップクッキー　ココア味……………20
10 薄焼きクッキー　バニラ味……………22
11 薄焼きクッキー　抹茶味……………22
12 薄焼きクッキー　けしの実入り……………22
13 ピーナッツバタークッキー……………24
14 米粉のスノーボール　プレーン……………26
15 米粉のスノーボール　ゆかり味……………26
16 コロコロちんすこう　塩味……………28
17 コロコロちんすこう　紫芋味……………28
18 コロコロちんすこう　黒糖味……………28
19 オートミールクッキー……………30
20 オートミールクッキーサンド……………30
21 ヨーグルトビスケット……………32
22 ブラウニークッキー　マシュマロ入り……………34
23 ブラウニークッキー　クリンクル……………34
24 スイートミルククラッカー　スティック……………36
25 スイートミルククラッカー　プレッツェル形……………36
26 スイートミルククラッカー　メープルマカダミア……………38
27 スイートミルククラッカー　リング……………39

Column　美しく仕上げるために1……………40

part 2 切り分けクッキー

- 28 一口スコーンクッキー　プレーン ……… 42
- 29 一口スコーンクッキー　チョコ入り ……… 42
- 30 ハニークッキー　プレーン ……… 44
- 31 ハニークッキー　レモン味 ……… 44
- 32 ハニークッキー　紅茶味 ……… 44
- 33 みたらしクッキー　プレーン ……… 46
- 34 みたらしクッキー　シュガー ……… 46
- 35 プルーンクラッカー ……… 48
- 36 あの濃厚ココアクッキー ……… 50
- 37 あの濃厚ココアクッキーサンド ……… 50
- 38 アーモンドフロランタン ……… 52
- 39 アーモンドフロランタン　ごま入り ……… 52
- 40 ビスコッティ　プレーン ……… 54
- 41 ビスコッティ　りんごと紅茶 ……… 56
- 42 ビスコッティ　ナッツと抹茶 ……… 57
- 43 塩クラッカー　プレーン ……… 58
- 44 塩クラッカー　和風だし&青のり ……… 58
- 45 塩クラッカー　ごま塩 ……… 58
- 46 塩クラッカー　ガーリック&スパイス ……… 58

Column 美しく仕上げるために2 ……… 60

part 3 型抜きクッキー

- *47* 卵サブレ　プレーン …………………………………… 62
- *48* 卵サブレ　紅茶風味 …………………………………… 62
- *49* いつものビスケット　プレーン ………………………… 64
- *50* いつものビスケット　ココア味 ………………………… 64
- *51* 米粉クッキー　プレーン ………………………………… 66
- *52* 米粉クッキー　シナモンアーモンド …………………… 66
- *53* ドライフルーツクッキー　レーズンとナッツ ………… 68
- *54* ドライフルーツクッキー　しょうがとみかん ………… 70
- *55* ドライフルーツクッキー　ドレンチェリーとチョコ … 71
- *56* ドライフルーツクッキー　バナナとマンゴー ………… 72
- *57* ドライフルーツクッキー　甘納豆と抹茶 ……………… 73
- *58* ミルククッキー ………………………………………… 74
- *59* レモンクッキー ………………………………………… 76
- *60* キャラメルスパイスビスケット ………………………… 78
- *61* 緑茶の米粉クッキー …………………………………… 80
- *62* ダイジェスティブクッキー ……………………………… 82
- *63* ダイジェスティブクッキージャムサンド ……………… 84
- *64* ダイジェスティブクッキーチョコ ……………………… 85
- *65* グラノーラクッキー …………………………………… 86
- *66* ポルボロンクッキー　ブロンズ ………………………… 88
- *67* ポルボロンクッキー　オレンジ&ライム ……………… 90
- *68* ポルボロンクッキー　クランベリー&ピスタチオ …… 91
- *69* クランブルクッキー　アップルシナモン ……………… 92
- *70* クランブルクッキー　マロン紅茶 ……………………… 94
- *71* クランブルクッキー　バナナチェリーココナッツ …… 95

Column　美しく仕上げるために3 …………………………… 96

part 4 アイスボックスクッキー

- 72 ディアマンクッキー プレーン ... 98
- 73 ディアマンクッキー 抹茶 ... 100
- 74 ディアマンクッキー いちご ... 101
- 75 厚焼き米粉チョコクッキー ミルク ... 102
- 76 厚焼き米粉チョコクッキー いちご ... 102
- 77 厚焼き米粉チョコクッキー 抹茶 ... 102
- 78 チーズクッキー プレーン ... 104
- 79 チーズクッキー トマト&バジル ... 104
- 80 チーズクッキー 黒こしょう ... 104
- 81 カフェオレクッキー ... 106
- 82 迷彩マーブルクッキー ... 108
- 83 渦巻きクッキー ... 110
- 84 ストライプクッキー ... 112
- 85 市松模様クッキー ... 113

Column 本書で使った材料一覧 ... 114

part 5 絞り出しクッキー

- 86 ノンオイル卵クッキー プレーン ... 116
- 87 ノンオイル卵クッキー 抹茶 ... 116
- 88 チョコガナッシュサンドクッキー ... 118
- 89 ホワイトチョコガナッシュサンドクッキー ... 119
- 90 ソフトクッキー レモンシュガー ... 120
- 91 ソフトクッキー あんこ ... 120
- 92 ドレンチェリーのレトロクッキー ... 122
- 93 ロシアンクッキー プレーン ... 124
- 94 ロシアンクッキー ココア味 ... 124
- 95 チョコがけココナッツクッキー ... 126
- 96 ウィーン風クッキー プレーン ... 128
- 97 ウィーン風クッキー チョコがけ ... 128
- 98 レモンカスタードクッキー ... 130
- 99 フィンガービスケット ... 132
- 100 メレンゲクッキー バニラ ... 134
- 101 メレンゲクッキー いちご ... 134

この本の使い方

＊計量単位は小さじ1＝5mlです。

＊オーブンの温度、焼き時間はあくまでも目安です。
　機種によって違いがあるので、様子を見て加減してください。

＊電子レンジは出力500Wのものを使っています。
　600Wの場合は0.8倍にしてください。
　機種によって違いがあるので、様子を見て加減してください。

＊卵はMサイズ（1個50g）。卵黄20g、卵白30gを基準にしています。

＊ナッツは基本的にローストナッツです。

＊生地をのばすときは、基本的にオーブンシートの上におき、ラップを
　かぶせてのばすことを推奨しています。

材料協力　株式会社富澤商店
　　　　　　オンラインショップ　https://tomiz.com/
　　　　　　電話 0570-001919

Staff　スタイリング＆撮影　gemomoge
　　　　　デザイン　大久保裕文+小渕映理子（BETTER DAYS）
　　　　　編集　松原京子　磯 俊宏（KADOKAWA）
　　　　　校閲　ぶれす

ドロップクッキー

ドロップクッキーは、クッキー生地を手でちぎったり、
まとめたり、丸めたり、スプーンでざっくりと取り分けたりして
天板の上に並べて焼くクッキー。
薄く焼けばパリッ、厚めに焼けばザクッ。
スティック状にしたり、リング状にしたり……と
アイディア次第でバリエーションが広がります。

part **1**

ココナッツたっぷり！
ココナッツオイルを使った、ちょっと厚めのクッキーです

1 ココナッツクッキー

材料（7個分）

溶き卵 …………………………… 10g
グラニュー糖 …………………… 15g
練乳 ……………………………… 10g
オイル（ココナッツオイル）…… 20g
薄力粉 …………………………… 50g
ココナッツファイン …………… 15g

準備

- 天板にオーブンシートを敷く。
- オーブンは160℃に予熱する。

1 ボウルに溶き卵、グラニュー糖、練乳を入れて泡立て器でよく混ぜる。

5 ゴムベラで混ぜて、一つにまとめる。

2 オイルを3回に分けて加え、その都度よく混ぜて乳化させる。

6 17gずつに分けてそれぞれ丸め、天板に並べる。

3 薄力粉をふるいながら加える。

7 オイル（ココナッツオイル）少々（分量外）をつけた指で押して平らにする。直径5cmくらい。

4 ココナッツファインを加える。

8 ココナッツファイン適量（分量外）を側面に軽くつけて天板に戻す。160℃のオーブンで17分ほど焼く。

クッキー生地に好きなナッツをのせて
焼くだけだから、とっても簡単！

2 ロッククッキー ナッツのせ

材料（8個分）

卵黄	1個分
グラニュー糖	40g
オイル（太白ごま油）	50g
洋酒（ラム酒など好みのもの）	15g
薄力粉	100g
好みのナッツ（アーモンド、クルミ、カシューナッツ、アーモンドスライスなど）	適量

準備

- 天板にオーブンシートを敷く。
- オーブンは170℃に予熱する。

1 ボウルに卵黄、グラニュー糖を入れ、泡立て器で白っぽくなるまでよく混ぜる。

2 オイルを4回に分けて入れ、その都度よく混ぜて乳化させる。

3 洋酒を加えてよく混ぜる。

4 薄力粉をふるい入れる。

5 ゴムベラでさっくりと混ぜる。

6 スプーンなどで8等分にし、ざっと整えながら天板にのせ、ナッツを好きにのせる。

7 170℃のオーブンで22分ほど焼く。

ドロップクッキー

p.13のプレーン生地に
ドレンチェリーとアーモンドを混ぜて焼き上げます
3 ロッククッキー チェリー入り

材料（9個分）
- 卵黄 …………………… 1個分
- グラニュー糖 ………………… 40g
- オイル（太白ごま油）…………… 50g
- 洋酒（ラム酒など好みのもの）…… 15g
- 薄力粉 …………………… 100g
- ドレンチェリー（赤）………… 50g
- アーモンド ………………… 50g

準備
- 天板にオーブンシートを敷く。
- オーブンは170℃に予熱する。

1 ドレンチェリーは食べやすい大きさに刻む。アーモンドは砕く。

2 p.13の作り方 1〜5 を参照して材料を混ぜ、1 を加えてゴムベラでさっくりと混ぜる。

3 スプーンなどで9等分にし、ざっと整えながら天板にのせる。

4 170℃のオーブンで25分ほど焼く。

ロッククッキーの生地にドレンチェリーとアーモンドを加えて混ぜる。

9等分にして形を整え、天板に間隔をあけて並べる。あとは焼くだけ。

バナナチップを使うからお手軽。
ダークチョコで味に深みを出します

4 ロッククッキー バナナチョコ入り

ドロップクッキー

材料（15個分）
- 卵黄 ……………………… 1個分
- グラニュー糖 ……………… 40g
- オイル（太白ごま油）……… 50g
- 洋酒（ラム酒など好みのもの）… 15g
- 薄力粉 …………………… 100g
- バナナチップ ……………… 30g
- ダークチョコレート ………… 50g

準備
- 天板にオーブンシートを敷く。
- オーブンは170℃に予熱する。

1 バナナチップとチョコは、粗めに砕く。

2 p.13の作り方 *1* 〜 *5* を参照して材料を混ぜ、*1* を加えてゴムベラでさっくりと混ぜる。

3 スプーンなどで15等分にし、ざっと整えながら天板にのせる。

4 170℃のオーブンで20分ほど焼く。

生地に混ぜ込むのは、バナナチップとほろ苦いダークチョコ。

同じくらいの大きさにまとめて天板に並べる。1個ずつ表情が違っていていい。

メレンゲにアーモンドパウダーを混ぜて焼く
ノンオイルクッキー。パリッと軽い口当たりです

5 ノンオイルアーモンドクッキー
プレーン

材料（約11個分）

卵白 ……………………… 1個分
グラニュー糖 ……………… 100g
アーモンドフラワー* ……… 100g
粉砂糖* …………………… 適量

＊一般的なアーモンドプードルと比べると
　粒子が粗く、より食感がよく、
　ふっくらした焼き上がりに。

準備

- 天板にオーブンシートを敷く。
- オーブンは160℃に予熱する。

1 ボウルに卵白、グラニュー糖50gを入れ、ハンドミキサーで角が立つまで泡立て、しっかりとしたメレンゲを作る。

4 天板に並べ、指2本で軽く押さえてつぶす。

2 アーモンドフラワーと残りのグラニュー糖を混ぜてから加え、ゴムベラでさっくりと混ぜる。

5 160℃のオーブンで10分ほど焼き、150℃に下げて20分ほど焼く。

3 小さめの容器に粉砂糖を入れ、2の生地をスプーンなどですくって落とし、手で丸めて粉砂糖をたっぷりとつける。

6 おいしそうな色がつき、自然にひびが入ったら、焼き上がり。

ドロップクッキー

p.17のプレーン生地に
コーヒーを加えたほろ苦味。
クセになるおいしさです

6 ノンオイルアーモンドクッキー コーヒー味

材料（約11個分）
- 卵白 …………………… 1個分
- グラニュー糖 …………… 100g
- インスタントコーヒー ……… 3g
- アーモンドフラワー* ……… 90g
- 粉砂糖 ……………………… 適量

*一般的なアーモンドプードルと比べると粒子が粗い。より食感がよく、ふっくらした焼き上がりに。

準備
- インスタントコーヒーは茶漉しなどで漉して粉末にする。もしくは粉末のものを使う。
- 天板にオーブンシートを敷く。
- オーブンは160℃に予熱する。

1 p.17の作り方1を参照してメレンゲを作り、インスタントコーヒーを加えてよく混ぜ、コーヒーメレンゲにする。

2 アーモンドフラワーと残りのグラニュー糖を混ぜてから加え、ゴムベラでさっくりと混ぜる。

3 小さめの容器に粉砂糖を入れ、2の生地をスプーンなどですくって落とし、手で丸めて粉砂糖をたっぷりとつける。

4 天板に並べ、指2本で軽く押さえてつぶし、160℃のオーブンで10分ほど焼き、140℃に下げて15分ほど焼く。

メレンゲに粉末にしたインスタントコーヒーを入れ、コーヒーメレンゲを作る。

アーモンドフラワーと残りのグラニュー糖を加えてムラなく混ぜて生地の完成。

p.17のプレーンクッキーに
クリームチーズとジャムを
はさんでデザートに！

7 ノンオイルアーモンドクッキー クリームチーズサンド

ドロップクッキー

材料（5個分）

ノンオイルアーモンドクッキー
　プレーン……………………10個
クリームチーズ……………100g
ジャム（あんずジャムなど好みのもの）
　………………………………50g

1 ボウルにクリームチーズを入れて室温に戻し、ゴムベラで練り、ジャム25gを加えてざっと混ぜる。

2 1を絞り袋に入れる。

3 クッキーを2個1組にし、1個に 2 を丸く絞り出し、真ん中に残りのジャムを5等分にしてのせる。

4 もう1個のクッキーをのせ、指で軽く押さえる。

ジャムを混ぜたクリームチーズをクッキーの上に絞り出す。絞り袋を使うといい（p.117参照）。

さらに真ん中にジャムをのせて、もう1個のクッキーでサンドする。

重曹を入れるときれいな焼き色がつき、サクッとした食感。
プレーンとココア、ふたつの味を楽しみます

8 アメリカンチョコチップクッキー プレーン

9 アメリカンチョコチップクッキー ココア味

材料（各8個分）

プレーン
- 薄力粉　　　　　　　100g
- 塩　　　　　　　　　0.5g
- シナモンパウダー　　2ふり
- 重曹　　　　　　　　1g
- 卵黄　　　　　　　　1個分
- グラニュー糖　　　　70g
- オイル（太白ごま油）　50g
- チョコチップ　　　　50g

ココア味
- 薄力粉　　　　　　　85g
- ココアパウダー　　　10g
- 塩　　　　　　　　　0.5g
- シナモンパウダー　　2ふり
- 重曹　　　　　　　　1g
- 卵黄　　　　　　　　1個分
- グラニュー糖　　　　70g
- オイル（太白ごま油）　50g
- チョコチップ　　　　50g

準備
- 天板にオーブンシートを敷く。
- オーブンは190℃に予熱する。

1 プレーン
ボウルに薄力粉、塩、シナモンパウダー、重曹を入れて混ぜる。

2 別のボウルに卵黄とグラニュー糖を入れて白っぽくなるまでハンドミキサーで混ぜる。

3 オイルを3回に分けて加え、その都度よく混ぜる。

4 3 を 1 のボウルに加え、ゴムベラでさっくりと混ぜる。

5 チョコチップを加えてさらに混ぜ、8等分にして丸める。

6 オーブンシートをかませてココットなどでつぶす。

7 天板に並べ、190℃のオーブンで15分ほど焼く。

1 ココア味
プレーンの作り方 1 の薄力粉、塩、シナモンパウダー、重曹を混ぜるときにココアパウダーを加えて生地を作り、あとは同様に焼き上げる。

ドロップクッキー

1個たったの2gで、パリッと軽やか。
バニラ味、抹茶味、けしの実入りの3種を紹介

**10 薄焼きクッキー
バニラ味**

**11
薄焼きクッキー
抹茶味**

**12
薄焼きクッキー
けしの実入り**

材料（作りやすい分量）

バニラ味
- 卵白 ………………… 1個分
- グラニュー糖 ……………… 30g
- オイル（太白ごま油）……… 10g
- バニラオイル ……………… 2滴
- 薄力粉 ……………………… 30g
- スキムミルク ……………… 5g
- コーンスターチ …………… 10g

抹茶味
- 卵白 ………………… 1個分
- グラニュー糖 ……………… 30g
- オイル（太白ごま油）……… 10g
- 薄力粉 ……………………… 28g
- 抹茶 ………………………… 2g
- スキムミルク ……………… 5g
- コーンスターチ …………… 10g

けしの実入り
- 卵白 ………………… 1個分
- グラニュー糖 ……………… 30g
- オイル（太白ごま油）……… 10g
- バニラオイル ……………… 2滴
- 薄力粉 ……………………… 30g
- けしの実（黒）……………… 5g
- スキムミルク ……………… 5g
- コーンスターチ …………… 10g

準備
- 天板を裏返してオーブンシートを敷く。
- オーブンは180℃に予熱する。

1 バニラ味
ボウルに卵白とグラニュー糖を入れ、泡立て器でとろっとするまで2分ほど泡立て、オイルとバニラオイルを加えてさらに泡立てる。

2
薄力粉、スキムミルク、コーンスターチを合わせてふるい入れる。

3
ムラがないように、ぐるぐる混ぜる。

4
天板を裏返してオーブンシートを敷いた上に、3を小さじ½ずつのせる。

5
小さじの裏で真ん中が薄くなるように意識して広げる。直径4cm目安。180℃のオーブンで6～7分、焼き色の様子を見ながら焼く。

1 抹茶味
バニラ味の作り方1でバニラオイルは入れず、作り方2で抹茶も加えてぐるぐる混ぜ、あとは同様にして焼く。

1 けしの実入り
バニラ味の作り方2でけしの実も加えてぐるぐる混ぜ、あとは同様にして焼く。

ドロップクッキー

ピーナッツの風味と一緒にザクザク食感が楽しめる！
ピーナッツバターが主役なので、オイルはなし

13 ピーナッツバタークッキー

材料（作りやすい分量）

ピーナッツバター（チャンクタイプ*）	100g
きび砂糖	40g
塩	1g
牛乳	10g
薄力粉	20g

＊粒入りがチャンクタイプ。
　甘さが控えめなものを選ぶ。
　ここで使ったのは「SKIPPY」。

準備
- 天板にオーブンシートを敷く。
- オーブンは170℃に予熱する。

1 ボウルにピーナッツバター、きび砂糖、塩を入れてゴムベラでこねて混ぜる。

5 8〜10等分にして丸め、天板にのせ、オーブンシートをかませてココットなどで押して広げ、真ん中を指で薄く広げる。1個ずつ順々に行う。

2 牛乳を加え、さらに混ぜてなめらかにする。

6 170℃のオーブンで14分ほど焼く。

3 薄力粉をふるい入れる。

7 焼き上がり。完全に冷めたらオーブンシートからはずす。

4 ムラなく混ぜ合わせて一つにまとめる。

ドロップクッキー

米粉を使っているから、
香ばしくってサクサク。
お茶受けにもぴったりです

14
米粉のスノーボール プレーン

15
米粉の スノーボール ゆかり味

材料（各13個分）

プレーン
- 米粉(製菓用ミズホチカラ)……50g
- 粉砂糖……………………15g
- コーンスターチ……………20g
- ベーキングパウダー…………1g
- オイル(太白ごま油)…………45g
- 牛乳…………………………8g
- 仕上げ用
    - 粉砂糖………………適量
    - 粉砂糖(溶けないタイプ*)..適量

*甘さ控えめで溶けにくいので、仕上げ用に適している。

ゆかり味
- 米粉(製菓用ミズホチカラ)……50g
- 粉砂糖……………………10g
- コーンスターチ……………20g
- ベーキングパウダー…………1g
- ゆかり……………………3g
- 白ざらめ糖…………………10g
- オイル(太白ごま油)…………45g
- 牛乳…………………………8g

準備
- 天板にオーブンシートを敷く。
- オーブンは160℃に予熱する。

1 プレーン
ボウルに米粉、粉砂糖、コーンスターチ、ベーキングパウダーを入れて泡立て器でよく混ぜ、オイルを加えてゴムベラでさっくりと混ぜる。

2 手ですり合わせてサラサラにする。

3 牛乳を加えてゴムベラで混ぜ、手でよくもんで均一に水分を行き渡らせる。

4 10gずつ手に取り、丸くまとめる。

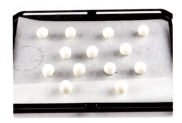

5 天板に並べ、160℃のオーブンで25分ほど焼く。

6 焼き上がり。粗熱を取る。

7 ビニール袋に仕上げ用の粉砂糖を入れ、6 を加えてまぶし、余分な粉砂糖をはたく。溶けないタイプの粉砂糖をさらに上からまぶす。

1 ゆかり味
プレーンの作り方 1 の粉類を混ぜるときに、ゆかりと白ざらめ糖も加えて混ぜる。あとは同様にして焼く。

沖縄のお菓子ちんすこうを、一口サイズで作ります。
ラードを使うから、コクのある味わいに

16 コロコロちんすこう
塩味

17
コロコロちんすこう
紫芋味

18
コロコロちんすこう
黒糖味

材料（各13個分）

塩味
- ラード ………………… 25g
- オイル(太白ごま油) ……… 15g
- 上白糖 ………………… 50g
- 薄力粉 ………………… 50g
- 強力粉 ………………… 30g
- 塩 ……………………… 2g
- ベーキングパウダー ……… 1g

紫芋味
- ラード ………………… 25g
- オイル(太白ごま油) ……… 15g
- 上白糖 ………………… 50g
- 紫芋パウダー* ………… 4g
- 薄力粉 ………………… 46g
- 強力粉 ………………… 30g
- 塩 ……………………… 1g
- ベーキングパウダー ……… 1g

＊紫芋を焼いて粉末にしたもの。製菓材料店やネットなどで購入可。

黒糖味
- ラード ………………… 25g
- オイル(太白ごま油) ……… 15g
- 上白糖 ………………… 30g
- 黒糖(粉末) ……………… 20g
- 薄力粉 ………………… 50g
- 強力粉 ………………… 30g
- 塩 ……………………… 1g
- ベーキングパウダー ……… 1g

準備
- ラードはボウルに入れて室温に戻す。
- 天板にオーブンシートを敷く。

1 塩味
ラードを電子レンジで40秒加熱して溶かし、オイルと上白糖を加え、白くなるまで1分ほどしっかりと混ぜる。

2 薄力粉、強力粉、塩、ベーキングパウダーを合わせてふるい入れ、ゴムベラでさっくりと混ぜる。

3 一つにまとめる。

4 ラップに包んで冷蔵庫で15分冷やす。オーブンは150℃に予熱する。

5 冷えてかたくなった4の生地を13gずつ丸め、キャラメルのように四角に成形する。だれてきたら保冷剤などで冷やしながら手早く行う。

6 天板に並べ、150℃のオーブンで20分ほど焼き、190℃に上げてさらに7分ほど焼く。

1 紫芋味
塩味の作り方2の粉類を混ぜるときに、紫芋パウダーを加えて混ぜる。あとは同様にして焼く。

1 黒糖味
塩味の作り方2の粉類を混ぜるときに、黒糖を加えて混ぜる。あとは同様にして焼く。

ドロップクッキー

ザクザクッとした食べ心地で
ほんのりスパイシー。
ホワイトチョコクリームの
クッキーサンドもおすすめです

19
オートミール
クッキー

20
オートミール
クッキーサンド

材料（作りやすい分量）

オートミールクッキー
卵	1個
オイル（太白ごま油）	40g
きび砂糖	50g
塩	0.5g
はちみつ	10g
強力粉	20g
薄力全粒粉	20g
重曹	1g
クイックオーツ*	100g
オールスパイスパウダー**	5ふり

* 細かく砕いたタイプのオートミール。
** クローブやシナモン、ナツメグを合わせたような、ほろ苦く甘い香りのスパイス。

クッキーサンド（5個分）
オートミールクッキー	10個
製菓用ホワイトチョコレート	80g
生クリーム（乳脂肪分40％以上）	40g

準備
- 天板にオーブンシートを敷く。
- オーブンは160℃に予熱する。

1 **オートミールクッキー**
ボウルに卵、オイル、きび砂糖、塩、はちみつを入れ、泡立て器でよく混ぜる。

2 別のボウルに強力粉、薄力全粒粉、重曹、クイックオーツ、オールスパイスパウダーを入れて泡立て器でよく混ぜ、*1*に加えてゴムベラでさっくりと混ぜる。

3 ラップをして10分ほどおき、15gずつに分けて手で丸めて天板にのせ、オーブンシートをかませてココットなどで押してつぶす。

4 セルクル（タルトリング）などでざっと形を整える。

5 160℃のオーブンで20分ほど焼く。焦げそうになったら温度を下げる。

1 **クッキーサンド**
ボウルにチョコレートと生クリームを入れて湯せんで溶かし、溶けたらボウルの底を冷水につけて22℃くらいまで温度を下げて粘りを出す。

2 ハンドミキサーでしっかりと泡立て、星形口金をつけた絞り袋に入れる（p.129参照）。

3 クッキーを2個1組にし、1個に*2*のクリームを絞り出し、もう1個ではさむ。

ドロップクッキー

さっくりだけど、しっとり。
ヨーグルトをつけて食べてもおいしい

21 ヨーグルトビスケット

材料（8個分）

薄力粉……………………… 100g
グラニュー糖……………… 30g
ベーキングパウダー…………… 2g
レモン（国産）の皮のすりおろし
　………………………………… 3g
塩 ………………………………… 1g
オイル（太白ごま油）…………… 15g
ギリシャヨーグルト（プレーン）
　………………………………… 100g
仕上げ用
　粉砂糖 ……………………… 適量

準備
● 天板にオーブンシートを敷く。

1 ボウルに薄力粉、グラニュー糖、ベーキングパウダー、レモンの皮、塩を入れ、ゴムベラでよく混ぜる。

5 手で丸めてから軽くのばして中央に穴をあける。

2 別のボウルにオイルとギリシャヨーグルトを入れて泡立て器でよく混ぜ、*1*に加える。

6 穴を広げながら楕円形の輪っかに整える。

3 ゴムベラで混ぜ合わせ、手で1分ほどこね、ラップをして冷蔵庫で10分ほど休ませる。オーブンは180℃に予熱する。

7 天板に並べ、180℃のオーブンで18分ほど焼く。

4 打ち粉（分量外）をした台の上に取り出し、8等分に切る。

8 冷めたら仕上げに粉砂糖を茶漉しでふる。好みでプルーンやナッツ、はちみつなどを入れたギリシャヨーグルト、レモン（各分量外）を添える。

表面はさっくり、一口頬張るととろ〜り。
マシュマロを冷凍して入れるのがポイントです

22 ブラウニークッキー マシュマロ入り

23 ブラウニークッキー クリンクル

材料（各6個分）

マシュマロ入り
- 溶き卵 …………………… 25g
- グラニュー糖 …………… 15g
- バニラオイル …………… 3滴
- ダークチョコレート …… 50g
- オイル（太白ごま油）…… 15g
- 強力粉 …………………… 10g
- 薄力粉 …………………… 10g
- ココアパウダー ………… 5g
- ベーキングパウダー …… 1g
- 塩 ………………………… 0.5g
- チョコチップ …………… 10g
- マシュマロ（冷凍したもの＊）
  ………………………… 3g×6個
- 粉砂糖 …………………… 少々

＊マシュマロはビニール袋に入れて冷凍庫に一晩入れて凍らせる。

クリンクル
- 溶き卵 …………………… 25g
- グラニュー糖 …………… 25g
- バニラオイル …………… 3滴
- ダークチョコレート …… 50g
- オイル（太白ごま油）…… 25g
- 強力粉 …………………… 10g
- 薄力粉 …………………… 10g
- ココアパウダー ………… 5g
- ベーキングパウダー …… 1g
- 塩 ………………………… 0.5g
- カカオニブ ……………… 3g
- 好みのナッツ（刻んだもの）… 15g
- グラニュー糖 …………… 適量
- 粉砂糖 …………………… 適量

準備
- 天板にオーブンシートを敷く。

1 **マシュマロ入り**
ボウルに溶き卵、グラニュー糖、バニラオイルを入れ、泡立て器でよく混ぜる。

2 別のボウルにチョコレートとオイルを入れ、湯せんで溶かし、*1*に加えてさらによく混ぜる。

3 強力粉、薄力粉、ココアパウダー、ベーキングパウダー、塩を合わせてふるい入れ、ゴムベラでさっくりと混ぜる。

4 チョコチップを加えて混ぜ、ラップをして冷蔵庫で30分ほど冷やす。オーブンは180℃に予熱する。

5 *4*の生地を6等分にし、生地を手に取り、マシュマロ1個をのせて包む。天板にあたる底面が厚く、上面が薄くなるように包む。

6 天板に並べ、180℃のオーブンで5分ほど焼く。焼き上がったら、すぐ網にのせる。冷めてから粉砂糖をふる。

1 **クリンクル**
マシュマロ入りの作り方*4*でチョコチップの代わりにカカオニブとナッツを混ぜ、6等分にして丸め、グラニュー糖、粉砂糖の順にまぶす。

2 天板に並べ、180℃のオーブンで11分ほど焼く。

スティック形はあっさり塩味、
プレッツェル形はチョコがけにもチャレンジ

24
スイート
ミルククラッカー
スティック

25
スイート
ミルククラッカー
プレッツェル形

材料（作りやすい分量）

スティック
- 薄力粉　　　　　　　　100g
- ベーキングパウダー　　0.5g
- スキムミルク　　　　　10g
- 塩　　　　　　　　　　0.5g
- 牛乳　　　　　　　　　30g
- グラニュー糖　　　　　20g
- オイル（太白ごま油）　10g
- バニラオイル　　　　　2滴

プレッツェル形
- 薄力粉　　　　　　　　100g
- ベーキングパウダー　　0.5g
- スキムミルク　　　　　10g
- 塩　　　　　　　　　　0.5g
- 牛乳　　　　　　　　　30g
- グラニュー糖　　　　　20g
- オイル（太白ごま油）　10g
- バニラオイル　　　　　2滴
- パータグラッセ*　　　50g
- 粗塩　　　　　　　　　少々

*コーティング用チョコレート。製菓材料店やネットなどで購入可。

準備
- 天板にオーブンシートを敷く。
- オーブンは170℃に予熱する。

1　スティック
ボウルに薄力粉、ベーキングパウダー、スキムミルク、塩を入れて泡立て器で混ぜる。

2　別のボウルに牛乳、グラニュー糖を入れ、泡立て器でよく混ぜて溶かし、オイルとバニラオイルを加えてよく混ぜる。

3　2に1を加える。

4　なめらかになるまで手でこね、一つにまとめる。

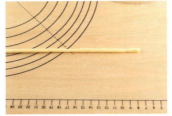

5　10gずつに分け、35cm長さに、細くのばす。のばしているとき、生地が乾燥しないようにラップをかけておく。

6　天板に並べ、170℃のオーブンで13分ほど焼く。

1　プレッツェル形
スティックの作り方1〜4を参照して生地を作り、5〜6gずつに分け、20〜25cm長さにのばし、プレッツェルの形にする。170℃のオーブンで15分焼く。

2　ボウルにパータグラッセを入れて湯せんで溶かし、1を1個ずつくぐらせ、網にのせて粗塩をふる。コーティングしないものがあってもよい。

ドロップクッキー

p.37のスティッククラッカーをアレンジ。
ナッツとメープルシロップでリッチな味わい

26 スイートミルククラッカー メープルマカダミア

材料（作りやすい分量）

薄力粉	100g
ベーキングパウダー	0.5g
スキムミルク	10g
塩	0.5g
牛乳	33g
グラニュー糖	20g
オイル(太白ごま油)	10g
バニラオイル	2滴
マカダミアナッツ	30g
メープルシロップ	20g

準備
- マカダミアナッツは5mm以下に粗くつぶす。
- 天板にオーブンシートを敷く。
- オーブンは170℃に予熱する。

1 ボウルに薄力粉、ベーキングパウダー、スキムミルク、塩を入れ、マカダミアナッツを加えて泡立て器で混ぜる。

2 別のボウルに牛乳、グラニュー糖を入れ、泡立て器でよく混ぜて溶かし、オイルとバニラオイルを加えてよく混ぜる。

3 2に1を加え、なめらかになるまで手でこね、一つにまとめる。

4 5～6gずつに分け、8cmほどの長さの棒状にのばす。天板に並べ、メープルシロップを刷毛でぬり、170℃のオーブンで17分ほど焼く。

マカダミアナッツ入りの生地を太めの棒状にのばし、天板に並べる。

焼く前にメープルシロップをぬると、上品な甘さになっておいしさアップ。

材料（作りやすい分量）

薄力粉	100g
ベーキングパウダー	0.5g
スキムミルク	10g
塩	0.5g
牛乳	30g
グラニュー糖	20g
オイル（太白ごま油）	10g
バニラオイル	2滴
白ざらめ糖	20g

準備
- 天板にオーブンシートを敷く。
- オーブンは170℃に予熱する。

1 p.37の作り方 *1*〜*4* を参照して生地を作り、めん棒で3mm厚さに丸くのばし、1cm幅に切り分ける。

2 1本ずつひねり、端同士をくっつけてリング状にする。大きさが異なるリングができる。

3 *2* に、刷毛で水（分量外）をちょんちょんとつけて白ざらめ糖をくっつける。

4 天板にのせ、小さいリングは大きなリングの内側におき、170℃のオーブンで15分ほど焼く。

生地を丸くのばして1cm幅に切り分ける。同じ幅に切り分けるようにする。

手でねじってから端同士を指でくっつけてリング状にする。

白ざらめ糖をつけてオーブンで焼く。つける量は好みでOK。

ドロップクッキー

p.37の生地を手でリング状に成形し、
白ざらめ糖をふって焼き上げます

27 スイートミルククラッカーリング

Column
美しく仕上げるために 1

材料について

本書のレシピでは、薄力粉に「バイオレット」、強力粉に「カメリヤ」を使用しています。バターを使わないレシピは、材料のちょっとした違いができ上がりに大きく影響するため、まずは指定の粉を使って、生地の感触やでき具合を確認していただくことをおすすめします。その後、お手もちの材料に置き換えて、アレンジを楽しんでください。

計量について

本書では、ベーキングパウダーや重曹、塩の分量に0.2gや0.3gといった0.1g単位の細かい計量を示していますが、このわずかな違いが仕上がりに大きく影響します。正確に0.1g単位で計量できる量りを使い、粉やオイルも正確にはかるように心がけてください。

混ぜ方について

クッキー作りは練らないことが基本です。練ってしまうと生地も仕上がりもかたくなってしまうため、注意が必要です。特に水分を加える前の、オイルと粉を混ぜる工程では、ていねいに均一になるまで混ぜるのがコツ。この工程でサラサラとした状態にすることが大切で、米粉のスノーボールや米粉クッキー、ディアマンクッキーなどで重要なポイントになります。

切り分けクッキー

切り分けクッキーは、材料を混ぜてクッキー生地を作ったら、
めん棒でのばして包丁で切り分けてから焼くクッキー。
薄くのばして四角く切ったり三角に切ったり、
ちょっと厚めにのばしてクッキーサンドにしたり。
特別な道具が一切いらないので、
思い立ったらすぐに作れるのが魅力です。

part **2**

サクッとふんわり、ノンオイルのスコーン生地を
一口サイズに切り分けて焼き上げます

28 一口スコーンクッキー
プレーン

29 一口スコーンクッキー
チョコ入り

材料（各24個分）

プレーン
- 強力粉 ……………………… 50g
- 薄力粉 ……………………… 50g
- グラニュー糖 ……………… 30g
- 塩 ……………………………… 1g
- 生クリーム（乳脂肪分40%以上）
  ……………………………… 65g
- 溶き卵 ……………………… 適量

チョコ入り
- 強力粉 ……………………… 50g
- 薄力粉 ……………………… 50g
- グラニュー糖 ……………… 20g
- 塩 ……………………………… 1g
- 生クリーム（乳脂肪分40%以上）
  ……………………………… 70g
- チョコチップ ……………… 30g
- 溶き卵 ……………………… 適量

準備
- 生クリームは冷蔵庫でよく冷やす。
- 天板にオーブンシートを敷く。
- オーブンは200℃に予熱する。

1 プレーン
ボウルに強力粉、薄力粉、グラニュー糖、塩を入れ、ゴムベラでよく混ぜる。

2 生クリームを加え、さっくりと混ぜ合わせる。

3 ぽろぽろしている生地をラップの上に移し、手で圧をかけながら包んで一つにまとめる。

4 ラップをはずし、めん棒で1.5cm厚さの長方形にのばし、縦6等分、横4等分、合計24個に切り分ける。

5 天板にのせ、溶き卵を刷毛で2度ぬりする。

6 200℃のオーブンで13分ほど焼く。

1 チョコ入り
プレーンの作り方 1 でチョコチップも加えてよく混ぜる。

2 あとは同様にして天板にのせ、溶き卵を刷毛で2度ぬりし、200℃のオーブンで13分ほど焼く。

切り分けクッキー

はちみつの味がしっかり楽しめる、シンプルクッキー。
レモン味はさわやかな甘酸っぱさ、
紅茶味は香り豊か

30 ハニークッキー
プレーン

31 ハニークッキー
レモン味

32 ハニークッキー
紅茶味

材料（作りやすい分量）

プレーン
- 薄力粉 …………………… 80g
- コーンスターチ ………… 10g
- 粉砂糖 …………………… 10g
- オイル（太白ごま油）……… 20g
- はちみつ ………………… 40g

レモン味
- 薄力粉 …………………… 80g
- コーンスターチ ………… 10g
- 粉砂糖 …………………… 10g
- オイル（太白ごま油）……… 20g
- はちみつ ………………… 30g
- レモンの搾り汁 ………… 8g
- 粉砂糖（溶けないタイプ*）… 17g
- レモンパウダー** ……… 3g

  * 甘さ控えめで溶けにくいので、仕上げ用に適している。
  **レモン果汁とレモンピールをミックスした、さわやかな香りと酸味のパウダー。

紅茶味
- 薄力粉 …………………… 80g
- コーンスターチ ………… 10g
- 粉砂糖 …………………… 10g
- 紅茶の茶葉（アールグレイ）… 5g
- オイル（太白ごま油）……… 20g
- はちみつ ………………… 30g
- 牛乳 ……………………… 10g

準備
- 紅茶の茶葉はミルサーやすりこ木で細かくする。
- 天板にオーブンシートを敷く。
- オーブンは160℃に予熱する。紅茶味のみ150℃に予熱する。

切り分けクッキー

1 プレーン
ボウルに薄力粉、コーンスターチ、粉砂糖を入れて泡立て器で混ぜ、オイルを加えてゴムベラで全体に混ぜる。

2 カードで細かく切り混ぜる。

3 はちみつを加え、カードで切るようにして全体に混ぜる。

4 手で少しもむようにして均一に混ぜてなめらかにし、丸くまとめる。

5 オーブンシートの上に移してめん棒で3mm厚さにのばし、1辺3cmくらいの三角形に切り分ける。

6 パレットナイフなどで天板の上に並べ、160℃のオーブンで14分ほど焼く。

1 レモン味
プレーンの作り方3でレモンの搾り汁も加え、あとは同様にして焼く。冷めたら粉砂糖とレモンパウダーをビニール袋の中でまぶす。

1 紅茶味
プレーンの作り方1で茶葉も混ぜ、作り方3ではちみつと牛乳を一緒に加える。150℃のオーブンで15分ほど焼く。

しょうゆと砂糖の
ほんのり甘辛コンビ。
しょうゆの焦げた香りが、
あとを引くおいしさです

33
みたらしクッキー
プレーン

34
みたらしクッキー
シュガー

材料（各50個くらい）

プレーン
- 薄力粉 …………………… 90g
- コーンスターチ …………… 10g
- ベーキングパウダー ……… 1g
- 粉砂糖 …………………… 30g
- オイル（太白ごま油）……… 40g
- しょうゆ＊ ………………… 15g

シュガー
- 薄力粉 …………………… 90g
- コーンスターチ …………… 10g
- ベーキングパウダー ……… 1g
- 粉砂糖 …………………… 30g
- オイル（太白ごま油）……… 40g
- しょうゆ＊ ………………… 15g
- グラニュー糖 ……………… 30g

＊しょうゆの塩分で味が多少変わる。しょうゆを減らした場合はその分、水を足す。

準備
- ●天板にオーブンシートを敷く。
- ●オーブンは170℃に予熱する。

1　プレーン
ボウルに薄力粉、コーンスターチ、ベーキングパウダー、粉砂糖を入れて泡立て器でよく混ぜる。

2 別のボウルにオイル、しょうゆを入れて泡立て器でよく混ぜ、乳化させる。

3 2が分離しないうちに1のボウルに加えてゴムベラで混ぜ、一つにまとめる。オーブンシートの上に移す。

4 めん棒で3mm厚さにのばし、一口大に切り分ける。パレットナイフなどで天板の上に並べ、170℃のオーブンで10分ほど焼く。

1　シュガー
プレーンの作り方4で生地を切り分けたら、刷毛で水（分量外）を薄くぬる。

2 グラニュー糖をまんべんなくふり、パレットナイフなどで天板の上に並べ、170℃のオーブンで10分ほど焼く。

切り分けクッキー

薄い生地でプルーンペーストをはさみ、
香ばしく焼き上げます。朝食にもおすすめ
35 プルーンクラッカー

材料（16個分）

- 薄力粉 ……………………… 50g
- 強力粉 ……………………… 100g
- 上白糖 ……………………… 50g
- 塩 …………………………… 2g
- 水 …………………………… 50g
- オイル（太白ごま油）………… 30g
- ドライプルーン（種なし。
  オイルコーティングのもの＊）
  …………………………… 100g
- 牛乳 ………………………… 10g

＊オイルコーティングされているものはプルーン同士がくっつかず、扱いやすい。商品の原材料の欄に「植物油脂」と書かれている。

準備

- 天板にオーブンシートを敷く。

1 フードプロセッサーに薄力粉、強力粉、上白糖、塩を入れて撹拌し、水とオイルを合わせたものを加えてさらに撹拌し、一つにまとめる。

2 取り出して丸くまとめ、ラップで包んで30分おく。

3 フードプロセッサーをきれいにしてプルーンと牛乳を入れ、撹拌してペースト状にする。

4 3のペーストをオーブンシートではさみ、15×30cmにのばす。オーブンは200℃に予熱する。

5 2の生地をオーブンシートの上に移してめん棒で31×31cmにのばし、真ん中にオーブンシートを片面はずした4をのせ、指で押しつける。

6 ペーストが生地にくっついたら、そっとオーブンシートをはずし、上下の生地をペーストの上に折りたたむ。

7 生地を縦に置きかえてめん棒で8mm厚さに整え、縦半分に切ってから横8等分に切り分ける。

8 天板に並べ、フォークで刺して空気穴をあけ、200℃のオーブンで15分ほど、カリッとするまで焼く。

切り分けクッキー

ココアパウダーを
2種類使って焼く、リッチテイスト。
「オレオ」をイメージしたおいしさです

36
あの濃厚
ココアクッキー

37
あの濃厚
ココアクッキー
サンド

材料（25個分）

濃厚ココアクッキー
- 強力粉 ……………………… 40g
- 薄力粉 ……………………… 40g
- ココアパウダー …………… 16g
- ブラックココアパウダー＊ … 4g
- 重曹 ………………………… 1g
- 塩 ………………………… 0.5g
- 粉砂糖 ……………………… 40g
- オイル（太白ごま油）……… 30g
- バニラオイル ……………… 4滴
- 水 …………………………… 15g

＊深い黒色と強い苦味が特徴の
ココアパウダー。

クッキーサンド（10個分）
- 濃厚ココアクッキー ……… 20個
- ホワイトチョコレート …… 40g
- コーンスターチ …………… 4g
- スキムミルク ……………… 8g
- 生クリーム（乳脂肪分40%以上）
  …………………………………… 8g
- バニラオイル ……………… 2滴

準備
- 天板にオーブンシートを敷く。
- オーブンは170℃に予熱する。
- クッキーサンドの生クリームは室温に戻す。

1 濃厚ココアクッキー
ボウルに強力粉、薄力粉、ココアパウダー、ブラックココアパウダー、重曹、塩、粉砂糖を入れ、泡立て器でよく混ぜる。

2 オイル、バニラオイルを加えてカードで切るように混ぜ、サラサラになるまでさらにカードで混ぜる。

3 水を加え、指先でつまむようにしてもみ、均一に混ぜてしっとりとさせる。

4 一つにまとめ、ラップで長方形にまとめて包む。

5 4の生地をめん棒で5mm厚さにのばし、3cm四方に切り分ける。

6 パレットナイフなどで表面に斜めに模様をつけ、天板に並べ、170℃のオーブンで12分ほど焼く。

1 クッキーサンド
チョコレートを湯せんにかけて溶かし、コーンスターチ、スキムミルクを入れて練り、生クリーム、バニラオイルを加えて混ぜる。

2 クッキーを2個1組にし、1のチョコクリームがかたまってきたら4gずつ丸めてはさむ。

切り分けクッキー

薄いクッキー生地とアーモンドを
カリッと焼き上げました。ごま入りも紹介

38 アーモンドフロランタン

39 アーモンドフロランタン ごま入り

材料（各16個分）

アーモンドフロランタン
- 卵白 ………………… 1個分(30g)
- グラニュー糖 ……………… 50g
- オイル(太白ごま油) ………… 10g
- 練乳 ………………………… 10g
- 薄力粉 ……………………… 15g
- アーモンドスライス ……… 100g

ごま入り
- 卵白 ………………… 1個分(30g)
- グラニュー糖 ……………… 30g
- オイル(太白ごま油) ………… 10g
- 練乳 ………………………… 10g
- 薄力粉 ……………………… 15g
- 塩 ………………………… 0.5g
- アーモンドスライス ……… 80g
- 黒ごま ……………………… 20g

準備
- 天板にオーブンシートを敷く。
- オーブンは170℃に予熱する。

1 アーモンドフロランタン
ボウルに卵白、グラニュー糖、オイル、練乳を入れ、泡立て器でもったりするまで混ぜ、薄力粉をふるい入れてさらに混ぜる。

2 アーモンドスライスを加え、割れないようにゴムベラでそっと混ぜ、全体になじませる。

3 天板に移して15×25cmの長方形にゴムベラなどで広げ、表面をならす。170℃のオーブンで12分ほど焼く。

4 オーブンシートごと取り出し、16等分の長方形に切り分け、バラバラにする。

5 再びオーブンに入れ、160℃に下げて13分ほど焼く。

1 ごま入り
アーモンドフロランタンの作り方2で、塩、粗く砕いたアーモンドスライス、黒ごまを加え、ゴムベラでそっと混ぜ、全体になじませる。

2 アーモンドフロランタンの作り方3を参照して焼き、取り出して細めの長方形に切り分け、再びオーブンに入れて160℃に下げて13分ほど焼く。

切り分けクッキー

サクッと軽くて、
かたくないから食べやすく、
子どもたちのおやつにも最適！

40 ビスコッティ プレーン

材料（10個分）

グラニュー糖	60g
オイル（太白ごま油）	30g
卵	1個
強力粉	50g
薄力粉	50g
ベーキングパウダー	4g
塩	1g

準備

- 天板にオーブンシートを敷く。
- オーブンは190℃に予熱する。

1 ボウルにグラニュー糖、オイル、卵を入れ、泡立て器でよく混ぜる。

5 190℃のオーブンで20分ほど焼き、いったん取り出す。

2 別のボウルに強力粉、薄力粉、ベーキングパウダー、塩を入れて混ぜ合わせ、*1* を加える。

6 粗熱が取れたらまな板の上に移し、1.5cm幅に切り分ける。

3 ゴムベラでさっくりと混ぜ合わせ、5分ほどおいて一つにまとめる。

7 *6*の断面を上にして再び天板にのせ、160℃のオーブンで15分ほど焼く。

4 天板に移し、手にオイル（太白ごま油。分量外）をつけて15×10cmほどの大きさのなまこ形に整える。

8 裏返してさらに10分ほど焼く。

切り分けクッキー

ドライりんごとラム酒の芳醇な甘さ、
アールグレイの香りで
おいしさアップ

41
ビスコッティ
りんごと紅茶

材料（10個分）
- ドライりんご……………… 70g
- ラム酒…………………… 10g
- 水………………………… 20g
- グラニュー糖…………… 50g
- オイル（太白ごま油）…… 30g
- 卵………………………… 1個
- 強力粉…………………… 50g
- 薄力粉…………………… 50g
- ベーキングパウダー……… 4g
- 塩………………………… 1g
- 紅茶の茶葉（アールグレイ）……… 4g

準備
- ●紅茶の茶葉はミルサーやすりこ木で細かくする。
- ●天板にオーブンシートを敷く。
- ●オーブンは190℃に予熱する。

1 ドライりんごは1cm大に刻んでボウルに入れ、ラム酒と水を加え、りんごが透き通るまで漬ける。ペーパータオルで水気を拭く。

2 別のボウルにグラニュー糖、オイル、卵を入れ、泡立て器でよく混ぜる。

3 別のボウルに強力粉、薄力粉、ベーキングパウダー、塩、紅茶の茶葉を入れて混ぜ合わせ、2を加えて混ぜる。

4 1を加え、ゴムベラでさっくりと混ぜ合わせ、一つにまとめる。p.55の作り方4〜8を参照して焼き上げる。

ドライりんごはラム酒と水でやわらかく戻して使う。

紅茶の茶葉を入れた生地に、水気を拭いたドライりんごを加えて生地の完成。

材料（10個分）

- グラニュー糖 ······················ 50g
- オイル（太白ごま油）············ 30g
- 卵 ···································· 1個
- 強力粉 ······························ 50g
- 薄力粉 ······························ 47g
- 抹茶 ·································· 3g
- ベーキングパウダー ············ 4g
- 塩 ····································· 1g
- ホワイトチョコチップ ········ 30g
- ミックスナッツ ·················· 40g

準備

- 天板にオーブンシートを敷く。
- オーブンは190℃に予熱する。

1 ボウルにグラニュー糖、オイル、卵を入れ、泡立て器でよく混ぜる。

2 別のボウルに強力粉、薄力粉、抹茶、ベーキングパウダー、塩を入れてゴムベラで混ぜ合わせ、*1* を加えて軽く混ぜる。

3 ホワイトチョコチップ、ミックスナッツを入れて全体に混ぜ、一つにまとめる。

4 p.55の作り方 *4*〜*8* を参照して焼き上げる。

ナッツは存在感を出したいから、細かく刻まずに入れる。

ナッツとホワイトチョコチップが入った、鮮やかな抹茶色の生地。

ごろっとナッツが入った
抹茶の和風ビスコッティです

42 ビスコッティ ナッツと抹茶

切り分けクッキー

塩気の効いたおつまみクラッカー4種。
まとめて作って保存瓶に入れておいても

43
塩クラッカー
プレーン

44
塩クラッカー
和風だし＆
青のり

45
塩クラッカー
ごま塩

46
塩クラッカー
ガーリック＆
スパイス

材料（作りやすい分量）

プレーン(4種に共通)
- 強力粉 …………………… 100g
- 薄力全粒粉 ………………… 30g
- 塩 …………………………… 3g
- オイル(太白ごま油) ………… 20g
- 水 …………………………… 60g

和風だし＆青のり用
- 青のり ……………………… 1g
- 和風だしの素 ……………… 1g

ごま塩用
- 黒ごま ……………………… 10g
- 白ごま ……………………… 10g

ガーリック＆スパイス用
- ガーリックパウダー ………… 1g
- ケイジャンミックス* ………… 1g

＊チリパウダー、パプリカ、唐辛子、クミン、オレガノなどをブレンドしたスパイシーなパウダー。

準備
● 天板にオーブンシートを敷く。

切り分けクッキー

1 プレーン
ボウルに強力粉、薄力全粒粉、塩を入れて泡立て器で混ぜる。

2 オイルと水を合わせたものを加え、ゴムベラで混ぜ、手で1分ほどこねる。

3 ラップに包んで30分ほどおく。オーブンは180℃に予熱する。

4 3の生地をオーブンシートの上に移し、めん棒で2〜3mm厚さにのばし、ピザカッターなどで好きな大きさに切り分ける。フォークで刺して空気穴をあける。

5 天板にのせ、180℃のオーブンで22分ほど焼く。

1 和風だし＆青のり
プレーンの作り方1で青のり、和風だしの素を加え、あとは同様にして天板にのせる。170℃のオーブンで22分ほど焼く。

1 ごま塩
作り方1で黒ごま、白ごまを加え、あとは同様にして天板にのせる。180℃のオーブンで22分ほど焼く。

1 ガーリック＆スパイス
プレーンの作り方1でガーリックパウダー、ケイジャンミックスを加え、あとは同様にして天板にのせる。170℃のオーブンで22分ほど焼く。

Column
美しく仕上げるために 2

のばし、型抜きについて

型抜きでは、まず生地を均一の厚さにのばすことが大切です。ルーラーを使うと便利で、5mmや3mmの高さのものを用意するとよいでしょう。オーブンシートの上に生地をおき、その上からラップをかぶせてのばすと、なめらかに作業がすすみます。また、p.59のように薄くのばすときは生地が縮みやすいので、途中で生地を一度持ち上げるとのばしやすくなります。作業に時間がかかるときは、生地が乾燥しないようにラップなどを使って作業します。常に生地を乾燥させないように気をつけましょう。

型抜き後は生地を移動させるのが難しいですが、パレットナイフなどを使うとスムーズに移せるので、おすすめです。

焼き時間について

オーブンはメーカーによって焼き時間に差があるため、基本的に調整が必要です。本書では東芝の「石窯3000」を使用しています。クッキーが焦げそうになったらすぐに焼成をストップして温度を下げる、逆に焼きが足りなければ時間を2分くらいずつ追加しましょう。焼き加減は仕上がりの写真の焼き色を目安にするとよいです。また、家庭用オーブンは焼きムラが出やすいので、途中で天板の前後をひっくり返すことも重要です。

型抜きクッキー

型抜きクッキーは、材料を混ぜてクッキー生地を作ったら
めん棒でのばし、型で抜いてから焼くクッキー。
使う型はいろいろ。まずは基本の丸型で抜いて
シンプルに焼いたり、アイシングをかけてみたり。
少し慣れたら、花や動物など好きな抜き型でトライ！
焼き上がるのが待ち遠しくなります。

part 3

卵の風味を感じる、やさしい味わい。
厚めに仕上げて、ザクッとした食感を楽しみます

47 卵サブレ プレーン
48 卵サブレ 紅茶風味

材料（各16～17個分）

プレーン（2種に共通）
- 卵黄 …………… 1個分（18g以上）
- バニラオイル ……………… 2滴
- オイル（太白ごま油）………… 30g
- 薄力粉 ………………… 100g
- 塩 ……………………… 1g
- ベーキングパウダー……… 1.5g
- 粉砂糖 ………………… 30g
- 仕上げ用粉砂糖 ………… 適量

紅茶風味用
- 紅茶の茶葉（アールグレイ）…… 4g

準備
- 紅茶の茶葉はミルサーやすりこ木で細かくする。
- 天板にオーブンシートを敷く。
- オーブンは160℃に予熱する。

1 プレーン
ボウルに卵黄、バニラオイル、オイルを入れて泡立て器でよく混ぜる。

2 薄力粉、塩、ベーキングパウダー、粉砂糖を合わせてふるい入れる。

3 ゴムベラでさっくりと混ぜ、切るようにして混ぜてサラサラ、ほろほろにする。

4 ざっとまとめてラップの上に移し、おにぎりを作るように圧をかけてギュッとまとめて包む。

5 めん棒で8mm厚さにのばし、直径3.5cmの丸型で抜く。

6 天板に並べ、仕上げ用粉砂糖を茶漉しでふり、160℃のオーブンで17分ほど焼く。

1 紅茶風味
プレーンの作り方2で紅茶の茶葉を加え、あとは同様にして焼き上げる。

我が家で「いつもの」といえばこれ。
いつ食べても飽きないおいしさです

49
いつものビスケット プレーン

50
いつものビスケット ココア味

材料（9個分）

プレーン
- 生クリーム（乳脂肪分40％以上）………………………… 25g
- グラニュー糖……………… 20g
- オイル（太白ごま油）………… 10g
- バニラオイル……………… 2滴
- コーンスターチ…………… 5g
- 塩 ………………………… 0.5g
- 薄力粉 …………………… 70g
- ベーキングパウダー……… 0.5g

ココア味
- 生クリーム（乳脂肪分40％以上）………………………… 25g
- グラニュー糖……………… 25g
- オイル（太白ごま油）………… 10g
- バニラオイル……………… 2滴
- コーンスターチ…………… 5g
- 塩 ………………………… 0.5g
- 薄力粉 …………………… 65g
- ベーキングパウダー……… 0.5g
- ココアパウダー…………… 5g

準備
- 天板にオーブンシートを敷く。

1 プレーン
ボウルに生クリーム、グラニュー糖を入れ、泡立て器でねっとりとするまで混ぜる。

2 オイルとバニラオイルを加えて混ぜ、コーンスターチと塩を入れてよく混ぜる。

3 薄力粉とベーキングパウダーを合わせてふるい入れる。

4 ゴムベラでさっくりと混ぜる。

5 一つにまとめ、ラップで包み、冷蔵庫で30分冷やす。オーブンは170℃に予熱する。

6 めん棒で4mm厚さにのばし、直径6cmの菊型で抜く。

7 天板に並べ、箸先などで刺して模様をつける。170℃のオーブンで17分ほど焼く。

1 ココア味
プレーンの作り方3でココアパウダーを入れ、あとは同様にして焼き上げる。

型抜きクッキー

サクほろ食感の
米粉クッキーです。
グルテンフリーでヘルシー！

51
米粉クッキー
プレーン

52
米粉クッキー
シナモン
アーモンド

材料（各12〜13個分）

プレーン
- 米粉（製菓用ミズホチカラ）…… 60g
- 粉砂糖 …………………………… 15g
- ベーキングパウダー ……… 0.6g
- アーモンドプードル ……… 30g
- 塩 …………………………… 0.6g
- オイル（太白ごま油）………… 40g
- 牛乳 ………………………… 12g

シナモンアーモンド
- 米粉（製菓用ミズホチカラ）…… 60g
- 粉砂糖 …………………………… 15g
- ベーキングパウダー ……… 0.6g
- アーモンドプードル ……… 30g
- 塩 …………………………… 0.6g
- スライスアーモンド ……… 15g
- シナモンパウダー ………… 7ふり
- オイル（太白ごま油）………… 40g
- 牛乳 ………………………… 13g
- シナモンシュガー ………… 適量

準備
- 天板にオーブンシートを敷く。
- オーブンは160℃に予熱する。

1　プレーン
ボウルに米粉、粉砂糖、ベーキングパウダー、アーモンドプードル、塩を入れ、泡立て器で混ぜる。

2 オイルを加えてゴムベラで混ぜ合わせる。

3 手でサラサラになるまですりつぶす。

4 牛乳を加えてゴムベラで混ぜる。

5 指先で全体に水分が行き渡るように、3分ほどもみ込み、均一にし、一つにまとめる。

6 オーブンシートの上に移し、ラップをかぶせ、めん棒で8mm厚さにのばす。

7 直径4cmの丸型で抜き、天板に並べ、160℃のオーブンで22分ほど焼く。

1　シナモンアーモンド
スライスアーモンドを砕いてシナモンパウダーをまぶし、プレーンの作り方 *1* で加える。あとは同様にして作り、焼き上がったらシナモンシュガーをふる。

型抜きクッキー

ドライフルーツと塩とナッツで
うまみたっぷり。食べごたえ十分です

53
ドライフルーツクッキー
レーズンとナッツ

材料（10〜11個分）

- レーズン ……………… 25g
- ミックスナッツ ……… 25g
- 薄力粉 ………………… 100g
- きび砂糖 ……………… 30g
- 塩 ……………………… 1g
- オイル（太白ごま油）… 30g
- 牛乳 …………………… 15g

準備

- 天板にオーブンシートを敷く。
- オーブンは160℃に予熱する。

1 レーズンとナッツはそれぞれみじん切りにし、合わせる。

2 ボウルに薄力粉、きび砂糖、塩を入れて泡立て器で混ぜる。

3 オイルを加え、カードで切るようにして混ぜ、なるべく細かく混ぜてサラサラにする。

4 *3*に*1*を加えて全体に混ぜ、牛乳を加えてさらに混ぜる。

5 手で軽くもむようにして一つにまとめる。もみすぎないようにする。

6 オーブンシートの上に移し、ラップをかぶせ、めん棒で5mm厚さにのばし、直径6cmの丸型で抜く。

7 天板に並べ、160℃のオーブンで24分ほど焼く。

型抜きクッキー

しょうがの辛味とみかんのさわやかな香り。
冬に食べたくなるクッキーです

54 ドライフルーツクッキー しょうがとみかん

材料（10〜11個分）

ドライしょうがの砂糖漬け	15g
ドライみかん	15g
ミックスナッツ	20g
薄力粉	100g
きび砂糖	30g
塩	0.5g
オイル（太白ごま油）	30g
牛乳	15g

準備

- 天板にオーブンシートを敷く。
- オーブンは160℃に予熱する。

1 ドライしょうがの砂糖漬け、ドライみかん、ナッツはそれぞれみじん切りにし、合わせる。

2 p.69の作り方 *2〜3* と同様にして生地をサラサラにする。

3 *1*を加えて全体に混ぜ、牛乳を加えてさらに混ぜる。手で軽くもむようにして一つにまとめる。もみすぎないようにする。

4 p.69の作り方 *6〜7* を参照して生地をのばして丸型で抜き、オーブンで焼き上げる。

みじん切りにしたドライしょうがとドライみかんを生地に加えて混ぜる。

丸型で抜いて、天板に並べて焼く。みかんの色がきれい。

材料（10〜11個分）

- ドレンチェリー（赤）………… 15g
- ミックスナッツ……………… 15g
- ダークチョコレート………… 25g
- 薄力粉………………………… 80g
- きび砂糖……………………… 30g
- 塩……………………………… 0.5g
- ココアパウダー……………… 20g
- オイル（太白ごま油）………… 25g
- 牛乳…………………………… 10g

準備

- 天板にオーブンシートを敷く。
- オーブンは160℃に予熱する。

1 ドレンチェリー、ナッツ、チョコレートはそれぞれみじん切りにし、合わせる。

2 ボウルに薄力粉、きび砂糖、塩、ココアパウダーを入れて泡立て器で混ぜる。

粉類を混ぜるときにココアパウダーを加える。

3 p.69の作り方*3*と同様にして生地をサラサラにし、*1*を加えて混ぜ、牛乳を加えてさらに混ぜる。手で軽くもむようにして一つにまとめる。もみすぎないようにする。

4 p.69の作り方*6*〜*7*を参照して生地をのばして丸型で抜き、オーブンで焼き上げる。

ココア生地にドレンチェリー、ナッツ、チョコレートのみじん切りを加える。

型抜きクッキー

チョコレート、ナッツ、ドライフルーツ。
甘みと香りが絶妙の組み合わせです

55 ドライフルーツクッキー
ドレンチェリーとチョコ

甘みがギュッと凝縮された
南国の香りがするクッキーです

56 ドライフルーツクッキー バナナとマンゴー

材料（10〜11個分）

バナナチップ	15g
ドライマンゴー	25g
ミックスナッツ	10g
薄力粉	100g
きび砂糖	30g
塩	0.5g
オイル（太白ごま油）	30g
牛乳	15g

準備
- 天板にオーブンシートを敷く。
- オーブンは160℃に予熱する。

1 バナナチップ、ドライマンゴー、ナッツはそれぞれみじん切りにし、合わせる。

2 p.69の作り方*2〜3*と同様にして生地をサラサラにする。

3 *1*を加えて全体に混ぜ牛乳を加えてさらに混ぜる。手で軽くもむようにして一つにまとめる。もみすぎないようにする。

4 p.69の作り方*6〜7*を参照して生地をのばして丸型で抜き、オーブンで焼き上げる。

バナナチップ、ドライマンゴー、ナッツをみじん切りにする。

粉類を混ぜたあとにドライフルーツとナッツをたっぷりと加えて混ぜる。

材料（10〜11個分）

- 甘納豆（好みのもの）……… 40g
- ミックスナッツ ……………… 20g
- 薄力粉 ………………………… 93g
- きび砂糖 ……………………… 40g
- 塩 ……………………………… 0.5g
- 抹茶 …………………………… 7g
- オイル（太白ごま油）……… 30g
- 牛乳 …………………………… 15g

準備

- 天板にオーブンシートを敷く。
- オーブンは160℃に予熱する。

1 甘納豆、ナッツはそれぞれみじん切りにする。

2 ボウルに薄力粉、きび砂糖、塩、抹茶を入れて泡立て器で混ぜる。

3 p.69の作り方3と同様にして生地をサラサラにし、1を加えて混ぜ、牛乳を加えてさらに混ぜる。手で軽くもむようにして一つにまとめる。もみすぎないようにする。

4 p.69の作り方6〜7を参照して生地をのばして丸型で抜き、オーブンで焼き上げる。仕上げに抹茶少々（分量外）をふってもよい。

粉類を混ぜるときに抹茶を加え、そのあと甘納豆とナッツを加えて混ぜる。

丸型で抜いて焼く。焼く前は濃い抹茶色、焼くと色が茶色みを帯びる。

型抜きクッキー

甘納豆をドライフルーツとして用いた和風クッキー。抹茶味に仕上げます

57 ドライフルーツクッキー 甘納豆と抹茶

ミルキーな生地で作る型抜きクッキー。
動物の型で抜いて、ココアで文字を描きます

58 ミルククッキー

材料（作りやすい分量）

薄力粉	100g
コーンスターチ	20g
ベーキングパウダー	1.5g
粉砂糖	40g
スキムミルク	10g
塩	0.5g
生クリーム（乳脂肪分40％以上）	10g
卵黄	1個分
オイル（太白ごま油）	40g
バニラオイル	4滴
練乳	10g
文字用	
ブラックココアパウダー＊	2g
水	5g

＊深い黒色と強い苦味が特徴のココアパウダー。

準備

- 天板にオーブンシートを敷く。

1. ボウルに薄力粉、コーンスターチ、ベーキングパウダー、粉砂糖、スキムミルク、塩を入れ、泡立て器でよく混ぜる。

2. 別のボウルに生クリーム、卵黄、オイル、バニラオイル、練乳を入れ、泡立て器でよく混ぜる。

3. 2を1に加え、ゴムベラでさっくりと混ぜ合わせる。

4. 一つにまとめ、ラップをして冷蔵庫で10分ほど冷やす。オーブンは160℃に予熱する。

5. オーブンシートの上にのせ、めん棒で3mm厚さにのばし、イヌ、ネコ、リス、シカ、コグマ、白鳥など動物型で抜く。

6. 文字用のココアパウダーと水をボウルに入れ、混ぜて溶かし、5分おく。楊枝の先につけて文字を描く。好みで書かなくてもよい。

7. 天板に並べ、160℃のオーブンで11分ほど焼く。

型抜きクッキー

レモンの香りと酸味がさわやかな
アイシングクッキーです
59 レモンクッキー

材料（11〜12個分）

- 薄力粉 … 100g
- コーンスターチ … 20g
- ベーキングパウダー … 1.5g
- 粉砂糖 … 40g
- スキムミルク … 10g
- 塩 … 0.5g
- レモンの搾り汁 … 10g
- オイル（太白ごま油） … 35g
- 卵黄 … 1個分
- 練乳 … 10g
- レモンアイシング
  - 粉砂糖 … 70g
  - レモンの搾り汁 … 14g
- 仕上げ用
  - ピスタチオ（ダイス*） … 少々

＊ダイス状のものがなければ、ホールのものを細かく刻む。

準備

● 天板にオーブンシートを敷く。

1　ボウルに薄力粉、コーンスターチ、ベーキングパウダー、粉砂糖、スキムミルク、塩を入れ、泡立て器でよく混ぜる。

2　別のボウルにレモンの搾り汁、オイル、卵黄、練乳を入れ、泡立て器でよく混ぜる。

3　2を1に加え、ゴムベラでさっくりと混ぜ合わせる。

4　一つにまとめ、ラップをして冷蔵庫で30分ほど冷やす。オーブンは160℃に予熱する。

5　オーブンシートの上にのせ、めん棒で3mm厚さにのばし、直径6cmの丸型で抜く。

6　天板に並べ、160℃のオーブンで13分ほど焼く。そのまま粗熱を取る。

7　レモンアイシングの材料を小さいボウルに入れ、よく混ぜて溶かし、6のクッキーにかけて薄く広げ、ピスタチオを飾る。

8　再びオーブンシートの上にのせ、200℃のオーブンで約1分焼いて乾燥させる。

サクッと一口頬張ると、キャラメル風味。
シナモンがほんのり香ります
60 キャラメルスパイス
ビスケット

材料（14個分）

生クリーム（乳脂肪分40％以上）
　……………………………… 25g
きび砂糖 …………………… 20g
オイル（太白ごま油）………… 10g
きな粉 ……………………… 5g
シナモンパウダー ………… 2ふり
塩 …………………………… 0.5g
薄力粉 ……………………… 60g
重曹 ………………………… 0.5g

準備

● 天板にオーブンシートを敷く。

1 ボウルに生クリーム、きび砂糖、オイルを入れ、泡立て器でよく混ぜる。

2 1にきな粉、シナモンパウダー、塩を加え、さらによく混ぜる。

3 薄力粉と重曹を合わせてふるい入れ、ゴムベラでさっくりと混ぜ合わせる。

4 一つにまとめ、ラップに包んで冷蔵庫で30分冷やす。オーブンは160℃に予熱する。

5 オーブンシートの上にのせ、めん棒で4mm厚さにのばし、5.5×2.5cmの波型（長方形）で抜く。

6 天板に並べ、フォークで刺して空気穴をあけ、160℃のオーブンで20分ほど焼く。

型抜きクッキー

パリッとした緑茶生地は甘さ控えめ。
ざらめ糖の食感がアクセントです
61 緑茶の米粉クッキー

材料（43〜44個分）

グラニュー糖	20g
塩	0.5g
牛乳	20g
オイル（太白ごま油）	30g
アーモンドプードル	40g
米粉（製菓用ミズホチカラ）	60g
緑茶パウダー＊	5g
緑茶の茶葉	1g
白ざらめ糖	15g

＊緑茶をパウダー状にしたもの。

準備

- 緑茶の茶葉はミルサーやすりこ木で細かくする。
- 天板にオーブンシートを敷く。
- オーブンは150℃に予熱する。

1 ボウルにグラニュー糖、塩、牛乳、オイルを入れ、泡立て器でよく混ぜて乳化させ、アーモンドプードルを加えてさらに混ぜる。

2 1に、米粉、緑茶パウダー、緑茶の茶葉を合わせてふるい入れる。

3 ゴムベラでさっくりと混ぜ、途中で白ざらめ糖も加え、混ぜ合わせる。

4 一つにまとめる。

5 オーブンシートの上にのせ、めん棒で3mm厚さにのばし、直径3cmの花型で抜く。

6 天板に並べ、150℃のオーブンで13分ほど焼く。

型抜きクッキー

全粒粉入りの生地は
ザクッとしていて香ばしい。
どこか懐かしい味です

62 ダイジェスティブクッキー

材料（10個分）

薄力粉	50g
薄力全粒粉	20g
クイックオーツ*	10g
きび砂糖	25g
塩	0.8g
重曹	1g
オイル（太白ごま油）	20g
レモンの搾り汁	1g
水	10g

*細かく砕いたタイプのオートミール。

準備
- 天板にオーブンシートを敷く。
- オーブンは170℃に予熱する。

1 フードプロセッサーに薄力粉、薄力全粒粉、クイックオーツ、きび砂糖、塩、重曹を入れ、撹拌して粉状にする。

2 オイルを加え、再び撹拌してサラサラの状態にする。

3 ボウルに移し、レモンの搾り汁と水を加え、指先でこねて全体に水分を行き渡らせる。

4 一つにまとめてオーブンシートの上に移し、ラップをかぶせる。

5 めん棒で4mm厚さにのばし、5.5×5.5cmの波型（正方形）で抜く。

6 天板に並べ、フォークで刺して空気穴をあけ、170℃のオーブンで15分ほど焼く。

型抜きクッキー

ダイジェスティブクッキーでジャムをサンド。
つい手がのびてしまうサイズです

63 ダイジェスティブクッキージャムサンド

材料（約16個分）
ダイジェスティブクッキーの生地
（p.83参照）……………………全量
好みのジャム*……………… 50g
＊ここでは「ボンヌママン」のストロベリー。

準備
● 天板にオーブンシートを敷く。
● オーブンは170℃に予熱する。

1 p.83の作り方 *1〜4* と同様にして生地を作り、めん棒で5mm厚さにのばし、直径3cmの花型で抜く。32個くらいできる。

2 天板に並べ、フォークで刺して空気穴をあけ、170℃のオーブンで15分ほど焼き、粗熱を取る。

3 ジャムを耐熱容器に入れて電子レンジで4分ほど、様子を見ながら加熱する。水分が抜けて50gから30gくらいになるのが目安。

4 *3* のジャムを絞り袋に入れ、クッキーを2個1組にし、1個にジャムを1gくらいずつ温かいうちに絞り出してもう1個ではさむ。

ダイジェスティブクッキーの生地を、小さい花型で抜いて焼く。

ジャムをはさむ。ジャムはレンジ加熱して少し煮詰めたものを使う。

材料（9〜10個分）

ダイジェスティブクッキーの生地
　（p.83参照）………………… 60g
パータグラッセ*……………… 50g
*コーティング用チョコレート。
　製菓材料店やネットなどで購入可。

準備
- シリコン型を用意。シリコン型は「シリコマートシリコンフレックス　ミニワッフルラウンドＳＦ143」を使用。
- オーブンは170℃に予熱する。

1 p.83の作り方*1〜4*と同様にして生地を作り、めん棒で5mm厚さにのばし、直径3.5cmの丸型で抜く。

2 天板に並べ、フォークで刺して空気穴をあけ、170℃のオーブンで15分ほど焼き、粗熱を取る。

3 小さいボウルにパータグラッセを入れて湯せんで溶かし、ゴムベラでなめらかにする。絞り袋に入れ、シリコン型に5gずつ入れる。

4 *2*のクッキーを1個ずつおき、チョコレートがしっかりとかたまるまで冷蔵庫で冷やし、型から抜く。チョコレートなしのクッキーがあってもよい。

パータグラッセを湯せんで溶かし、なめらかにする。

型に溶かしたパータグラッセを入れる。絞り袋を使うと型に入れやすい。

パータグラッセの上にクッキーをのせ、このまま冷蔵庫でかためる。

型抜きクッキー

ダイジェスティブクッキーをチョコでコーティングして、みんなの好きな味に

64 ダイジェスティブクッキーチョコ

自家製グラノーラを
食べやすく持ちやすいように
かためました

65
グラノーラ
クッキー

材料（7～8個分）

ミックスナッツ	100g
プルーン（種なし）	50g
クイックオーツ＊	100g
けしの実（黒）	10g
塩	1g
オイル（ココナッツオイル）	50g
メープルシロップ	60g

＊細かく砕いたタイプのオートミール。

準備
- 天板にオーブンシートを敷く。
- オーブンは180℃に予熱する。

1 ミックスナッツを保存袋などに入れ、めん棒でたたいて粗くつぶす。プルーンは荒く刻む。

2 ボウルにクイックオーツ、けしの実、*1*、塩を入れ、オイルを加えて混ぜる。

3 メープルシロップを加えて全体にまんべんなく混ぜる。

4 生地の完成。

5 天板に、直径7.5cm、高さ1.5cmの丸型をおき、*4*をギュッと詰め、そっと型を持ち上げ形を整える。1個ずつていねいに行う。

6 180℃のオーブンで10分ほど焼き、160℃に下げて13分ほど焼く。

7 焼き上がり。粗熱が取れるまでおき、形がくずれないようにオーブンシートからはずす。

型抜きクッキー

ホワイトチョコレートを使った、
口溶けのよいほろほろクッキーです
66 ポルボロンクッキー
　　ブロンズ

材料（7〜8個分）

薄力粉	60g
ホワイトチョコレート	40g
オイル（太白ごま油）	10g
粉砂糖	25g
アーモンドプードル	20g
仕上げ用	
粉砂糖（溶けないタイプ*）	適量

＊甘さ控えめで溶けにくいので、仕上げ用に適している。

準備

- 天板にオーブンシートを敷く。
- オーブンは170℃に予熱する。

1 薄力粉はフライパンに入れて中火で煎り、ほんのり色づいたら冷ます。

5 *4*のほろほろの生地を、手で圧を加えながら20g取る。

2 ボウルにホワイトチョコレートを入れて湯せんで溶かし、オイルを加えて泡立て器でよく混ぜる。

6 天板に直径4.5cmの丸型をおき、*5*を型に入れてきっちりと押し込んで型取りをし、型をはずす。残りも同様にする。

3 粉砂糖を加えて練り、アーモンドプードルを入れてゴムベラで混ぜる。

7 170℃のオーブンで17分ほど、こんがりとするまで焼く。こげそうなら出す。

4 *1*の薄力粉をふるい入れ、さっくりと混ぜて均一にし、サラサラにする。

8 焼き上がったら網にのせて冷まし、仕上げに粉砂糖を茶漉しでふる。

柑橘類のフレッシュで
さわやかな香りが印象的

67 ポルボロンクッキー オレンジ&ライム

材料（7〜8個分）

- 薄力粉 …………………… 60g
- ホワイトチョコレート ……… 40g
- オイル（太白ごま油）………… 10g
- 粉砂糖 …………………… 25g
- アーモンドプードル ………… 20g
- オレンジの皮のすりおろし …… 5g
- ライムの皮のすりおろし …… 2g
- 仕上げ用
  - 粉砂糖（溶けないタイプ*）…… 適量

*甘さ控えめで溶けにくいので、
仕上げ用に適している。

準備

- 天板にオーブンシートを敷く。
- オーブンは140℃に予熱する。

1. p.89の作り方 *1*〜*3* を参照して生地を作り、作り方 *4* で薄力粉を加えたら、オレンジの皮のすりおろし、ライムの皮のすりおろしも入れてさっくりと混ぜる。

2. P.89の作り方 *5*〜*6* を参照して天板に並べ、140℃のオーブンで25分ほど、こんがりとするまで焼く。

3. 焼き上がったら網にのせて冷まし、仕上げに粉砂糖を茶漉しでふる。

オレンジの皮、ライムの皮は、おろし器ですりおろす。白い部分が入らないようにする。ペーパータオルで水気をギュッと絞る。

すりおろしたオレンジとライムの皮は、薄力粉と一緒に生地に混ぜる。

赤いクランベリーと
緑のピスタチオの色と食感がアクセント

68 ポルボロンクッキー クランベリー&ピスタチオ

型抜きクッキー

材料（7～8個分）

- 薄力粉 …………………… 60g
- ホワイトチョコレート ……… 40g
- オイル(太白ごま油) ………… 10g
- 粉砂糖 …………………… 25g
- アーモンドプードル ………… 20g
- ドライクランベリー（ダイス*）
  ……………………………… 3g
- ピスタチオ（ダイス*） ……… 3g
- 仕上げ用
  - 粉砂糖(溶けないタイプ**)… 適量

* ダイス状のものがなければ、ホールのものを細かく刻む。
** 甘さ控えめで溶けにくいので、仕上げ用に適している。

準備

- 天板にオーブンシートを敷く。
- オーブンは140℃に予熱する。

1. p.89の作り方 *1*～*3* を参照して生地を作り、作り方*4*で薄力粉を加えたら、ドライクランベリーとピスタチオも入れてさっくりと混ぜる。

2. P.89の作り方 *5*～*6* を参照して天板に並べ、140℃のオーブンで20分ほど、こんがりとするまで焼く。

3. 焼き上がったら網にのせて冷まし、仕上げに粉砂糖を茶漉しでふる。

ドライクランベリーとピスタチオは、薄力粉と一緒に生地に混ぜる。

焼く前は、クランベリーの赤とピスタチオの緑が鮮やか。

クッキー生地にシナモン風味のりんごと
クランブルをのせてサクサクに！

69 クランブルクッキー
アップルシナモン

材料（3個分）

ミルククッキー生地
（作りやすい分量）

　薄力粉 …………………… 100g
　コーンスターチ …………… 20g
　ベーキングパウダー ……… 1.5g
　粉砂糖 ……………………… 40g
　スキムミルク ……………… 10g
　塩 …………………………… 0.5g
　生クリーム（乳脂肪分40％以上）
　　……………………………… 10g
　卵黄 ………………………… 1個分
　オイル（太白ごま油）……… 40g
　バニラオイル ……………… 4滴
　練乳 ………………………… 10g
ドライりんご ………………… 30g
ラム酒 ………………………… 5g
水 ……………………………… 10g
バニラオイル ………………… 2滴
シナモンパウダー …………… 2ふり
クランブル
　アーモンドプードル ……… 25g
　薄力粉 ……………………… 25g
　きび砂糖 …………………… 10g
　オイル（太白ごま油）……… 12g

準備

- ドライりんごは1cmくらいの大きさに刻む。
- 直径7.5cmのタルトリングを三つ用意する。
- 天板にオーブンシートを敷く。

1 ミルククッキー生地はp.75のミルククッキーの作り方 **1**〜**4** を参照して作り、冷蔵庫で冷やす。ここでは80gを使用。

2 ドライりんごをボウルに入れ、ラム酒、水、バニラオイル、シナモンパウダーを加えてあえ、30分おく。

3 クランブルを作る。ボウルにオイル以外のクランブルの材料を入れて混ぜ、オイルを加えて指先で混ぜ、ほろほろになるようにすり混ぜる。

4 ミルククッキー生地をめん棒で3mm厚さにのばし、直径7.5cmのタルトリングで抜く。これを三つ作る。

5 抜いた生地を天板に移し、再びタルトリングをはめ、リングの内側に隙間がないように生地をならす。オーブンは180℃に予熱する。

6 生地の上に3等分にしたクランブルの半量、汁気をきった **2** のりんご、残りのクランブルの順にのせ、軽く押さえる。

7 180℃のオーブンで20分ほど焼き、160℃に下げて15分ほど焼く。粗熱が取れたら、下から押し上げるようにしてタルトリングをはずす。

型抜きクッキー

マロンペーストとラムレーズン、
紅茶クランブルの組み合わせ

70
クランブルクッキー
マロン紅茶

材料（3個分）
ミルククッキー生地(p.93参照)
……………………………………… 80g
レーズン …………………… 20g
ラム酒 ……………………… 5g
水 …………………………… 10g
マロンペースト＊ …………… 20g
クランブル
　アーモンドプードル ……… 25g
　薄力粉 …………………… 25g
　きび砂糖 ………………… 10g
　紅茶の茶葉（アールグレイ）…… 2g
　オイル（太白ごま油）………… 12g

＊フランス・サバトン社の、砂糖、バニラを加えたかためのマロンペースト。製菓材料店、ネットなどで購入可。

準備
● 紅茶の茶葉はミルサーやすりこ木で細かくする。
● 直径7.5cmのタルトリングを三つ用意する。
● 天板にオーブンシートを敷く。

1 ボウルにレーズン、ラム酒、水を入れ、30分おく。

2 1のレーズンの汁気をきって別のボウルに入れ、マロンペーストを2gずつちぎったものを加えて合わせる。

3 クランブルを作る。ボウルにオイル以外のクランブルの材料を入れて混ぜ、オイルを加えて指先で混ぜ、ほろほろになるようにすり混ぜる。

4 p.93の作り方*4～7*を参照して焼き、タルトリングをはずす。

フィリングは、ラムレーズンとマロンペースト。濃厚な味わいが楽しめる。

紅茶入りのクランブルで、さらに香り豊かに焼き上げる。

材料（3個分）

ミルククッキー生地(p.93参照)
　……………………… 80g
ドレンチェリー（赤）……… 20g
ラム酒 ………………………… 5g
水 …………………………… 10g
バナナチップ ……………… 6枚
クランブル
　アーモンドプードル …… 15g
　ココナッツファイン …… 10g
　薄力粉 …………………… 25g
　きび砂糖 ………………… 10g
　オイル（太白ごま油）…… 12g

準備

● 直径7.5cmのタルトリングを三つ用意する。
● 天板にオーブンシートを敷く。

1 ボウルにドレンチェリー、ラム酒、水を入れ、30分おく。

2 1の汁気をきり、ざっくりと砕いたバナナチップと合わせる。

3 クランブルを作る。ボウルにオイル以外のクランブルの材料を入れて混ぜ、オイルを加えて指先で混ぜ、ほろほろになるようにすり混ぜる。

4 p.93の作り方4〜7を参照して焼き、タルトリングをはずす。

ドレンチェリーはラム酒風味にし、バナナチップと合わせる。

クランブルはココナッツファイン入り。バナナとよく合う。

型抜きクッキー

バナナとチェリー、ココナッツのトリオ。
かむほどに深みのある味わいです

71 クランブルクッキー バナナチェリーココナッツ

Column
美しく仕上げるために 3

道具について

クッキー作りには特別な道具は必要ありません。ここでは、基本の道具のほか、型抜きクッキーに使用するクッキー型、絞り出しクッキーに使用する口金などを紹介します。クッキー型は集めていらっしゃる方も多いのではないでしょうか。私もその一人です。一期一会なところもありますが、今持っている型に近いものを選んでみました。

[基本の道具]

木柄ステンレス　　　ゴムベラ 264x57mm　　ドレッジ（カード）　　デジタルクッキング
薄口パレット 20mm　ホワイト　　　　　　　ハード（クリア）　　　スケールKD-320
インテックカネキ　　タイガークラウン　　　ホワイトサム　　　　　タニタ

[口金]

四面ムカデ 20mm　　菊 Φ13-15切 No.195　　丸 15mm　　　　　　星 口金 10切 #10
馬嶋屋菓子道具店　　アークランドサカモト　馬嶋屋菓子道具店　　富澤商店

[抜き型]

クッキー型 丸 6cm　　18-8パテ抜き型 丸　　18-8波クッキーカッター
ダブルカッター　　　 9pcs　　　　　　　　四角 大
馬嶋屋菓子道具店　　 ホワイトサム　　　　 富澤商店

アイスボックスクッキー

アイスボックスクッキーは、クッキー生地を棒状に成形して
冷蔵庫や冷凍庫で冷やしかためてから、包丁で切って焼くクッキー。
冷やすことでサクサクッ、ほろほろっとした食感になり、
生地のおいしさをストレートに味わえます。
また、スライスするだけで一度にたくさん作れるのも魅力。
2色使いにすると、渦巻き模様や市松模様のクッキーも作れます。

part **4**

バターではなくオイルを使った、人気の定番。
ほろほろとくずれる食感を楽しんで！

72 ディアマンクッキー プレーン

材料（32個分くらい）

- 薄力粉 …………………… 80g
- アーモンドプードル ……… 20g
- 粉砂糖 …………………… 20g
- 塩 ………………………… 0.2g
- オイル（太白ごま油）……… 25g
- 生クリーム（乳脂肪分40％以上）
  …………………………… 12g
- 仕上げ用
  微粒子グラニュー糖＊…… 適量

＊極めて微粒の砂糖で、生地とのからみがいい。製菓材料店やネットで購入可。

準備

- 天板にオーブンシートを敷く。

1 ボウルに薄力粉、アーモンドプードル、粉砂糖、塩を入れ、泡立て器でよく混ぜる。

2 オイルを加え、ゴムベラで混ぜる。

3 手のひらでこすり合わせるようにして混ぜ、サラサラの砂状にする。

4 生クリームを加え、指先でもむようにして全体になじませる。手でギュッと、まとまるまでもむ。

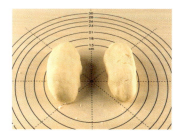

5 一つにまとめたら台の上に移し、2等分する。

6 それぞれ直径2.5cmの棒状にし、1本ずつラップで包み、冷蔵庫で1時間冷やす。

7 オーブンは150℃に予熱する。6を冷蔵庫から出し、ラップをはずし、刷毛で水（分量外）をぬり、微粒子グラニュー糖をまぶす。

8 1cm幅に切って天板に並べ、150℃のオーブンで25分ほど焼く。

アイスボックスクッキー

封を開けたての抹茶を使うと
香りも色もよく、味わい豊か

73 ディアマンクッキー 抹茶

材料（32個分くらい）

薄力粉	77g
アーモンドプードル	20g
抹茶	3g
粉砂糖	20g
塩	0.2g
オイル（太白ごま油）	25g
生クリーム（乳脂肪分40%以上）	12g
仕上げ用	
微粒子グラニュー糖*	適量

＊極めて微粒の砂糖で、生地とのからみがいい。
製菓材料店やネットで購入可。

準備

● 天板にオーブンシートを敷く。

1 ボウルに薄力粉、アーモンドプードル、抹茶、粉砂糖、塩を入れ、泡立て器でよく混ぜ、オイルを加えてゴムベラで混ぜる。

2 p.99の作り方 *3〜8* を参照して生地を作り、同様にして焼く。

薄力粉を3g減らしてその分抹茶を入れ、生地を作る。

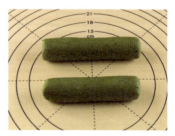

生クリームを入れて混ぜると鮮やかな抹茶色に。棒状にして切り分ける。

材料（32個分くらい）

薄力粉	80g
アーモンドプードル	20g
いちごパウダー*	5g
粉砂糖	20g
塩	0.2g
オイル（太白ごま油）	25g
生クリーム（乳脂肪分40%以上）	12g
仕上げ用　微粒子グラニュー糖**	適量

* フリーズドライのいちごパウダー。いちごの香りと味がしっかり感じられる。

** 極めて微粒の砂糖で、生地とのからみがいい。製菓材料店やネットで購入可。

準備

● 天板にオーブンシートを敷く。

1 ボウルに薄力粉、アーモンドプードル、いちごパウダー、粉砂糖、塩を入れ、泡立て器でよく混ぜ、オイルを加えてゴムベラで混ぜる。

2 p.99の作り方 3〜8 を参照して生地を作り、140℃のオーブンで25分ほど焼く。

鮮やかな色のいちごパウダーを生地に加えて混ぜる。

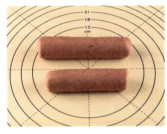

p.99のプレーンやp.100の抹茶と同様、棒状にして切り分けて焼く。

アイスボックスクッキー

鮮やかなピンク色、
いちごの香りが鼻をくすぐります

74 ディアマンクッキー いちご

チョコレートの味がダイレクトに味わえる米粉クッキーです。どれから食べる?

75 厚焼き米粉チョコクッキー
ミルク

76 厚焼き米粉
チョコクッキー
いちご

77 厚焼き米粉チョコクッキー
抹茶

材料（各7個分）

ミルク
- ミルクチョコレート……… 50g
- 米粉……………………… 30g
- アーモンドプードル……… 10g
- 牛乳……………………… 19g

いちご
- ホワイトチョコレート…… 40g
- 米粉……………………… 30g
- アーモンドプードル……… 10g
- いちごパウダー*………… 2g
- 牛乳……………………… 19g

＊フリーズドライのいちごパウダー。いちごの香りと味がしっかり感じられる。

抹茶
- ホワイトチョコレート…… 40g
- 米粉……………………… 25g
- アーモンドプードル……… 10g
- 抹茶……………………… 5g
- 牛乳……………………… 17g

準備
- 天板にオーブンシートを敷く。

1 **ミルク**
チョコレートを割ってフードプロセッサーに入れ、米粉、アーモンドプードルを加えて攪拌し、サラサラにする。

2 牛乳を加えてさらに攪拌する。

3 ラップの上に移し、手で少しこね、ギュッとまとめる。

4 まとまったら直径2.5cm、長さ12cmの棒状にのばし、ラップで包んで冷凍庫に10分ほど入れてかためる。オーブンは130℃に予熱する。

5 *4*の生地のラップをはずし、1.5cm幅に切り分け、天板に並べ、130℃のオーブンで50分ほど焼く。

1 **いちご**
ミルクの作り方*1*でいちごパウダーも入れ、攪拌する。

2 あとは同様にして生地を作って冷凍庫でかため、切り分けて焼く。

1 **抹茶**
ミルクの作り方*1*で抹茶も入れ、攪拌する。あとは同様にして生地を作って冷凍庫でかため、切り分けて焼く。

アイスボックスクッキー

79
チーズクッキー
トマト&バジル

サクッ、ポリッと食べられる、
塩気が効いた
チーズ系おつまみクッキー
78
チーズクッキー
プレーン

80
チーズクッキー
黒こしょう

材料（各作りやすい分量）

プレーン(3種共通)
- 卵黄 ……………………… 1個分
- 粉砂糖 …………………… 10g
- パルメザン粉チーズ……… 20g
- 塩 ………………………… 1g
- 強力粉 …………………… 20g
- 薄力粉 …………………… 30g
- 水 ………………………… 10g

トマト＆バジル用
- ドライトマトのみじん切り
  …………………………… 20g
- ドライバジル………… 小さじ½

黒こしょう用
- 黒こしょう(粗びき)………… 1g

準備
- 天板にオーブンシートを敷く。

1 プレーン
ボウルに卵黄、粉砂糖、粉チーズ、塩を入れ、ゴムベラでよく練ってまとめる。

2 別のボウルに強力粉、薄力粉を入れて泡立て器で混ぜ、1を加え、ゴムベラで切るようにして混ぜる。

3 ほろほろになったら水を加える。

4 指先でつまむようにしてもみ、全体になじませ、一つにまとめる。

5 12cm長さ、2.5cm角の四角い棒状にし、ラップで包んで冷凍庫に1時間ほど入れてかためる。オーブンは170℃に予熱する。

6 3〜4mm幅に切り分け、天板にのせ、パイカッターで模様をつける。170℃のオーブンで9分ほど焼く。

1 トマト＆バジル
プレーンの作り方1でドライトマト、ドライバジルを加えて生地を作り、12cm長さの棒状にする。あとは同様にして焼き上げる。

1 黒こしょう
プレーンの作り方1で黒こしょうを加えて生地を作り、12cm長さ、5×1.5cm角の直方体にする。あとは同様にして焼き上げる。

アイスボックスクッキー

ミルク生地とコーヒー生地が合わさった
カフェオレ味の三角クッキー

81 カフェオレクッキー

材料（33個分くらい）

ミルク生地
- 練乳　　　　　　　　　　　10g
- 生クリーム（乳脂肪分40％以上）
  　　　　　　　　　　　　　10g
- オイル（太白ごま油）　　　　10g
- 薄力粉　　　　　　　　　　40g
- ベーキングパウダー　　　　0.2g
- 粉砂糖　　　　　　　　　　10g
- スキムミルク　　　　　　　5g

コーヒー生地
- 練乳　　　　　　　　　　　10g
- 生クリーム（乳脂肪分40％以上）
  　　　　　　　　　　　　　10g
- オイル（太白ごま油）　　　　10g
- インスタントコーヒー　　　1.5g
- 薄力粉　　　　　　　　　　45g
- ベーキングパウダー　　　　0.2g
- 粉砂糖　　　　　　　　　　12g

準備
- インスタントコーヒーは茶漉しなどで漉して粉末にする。もしくは粉末のものを使う。
- 天板にオーブンシートを敷く。

1 ミルク生地を作る。ボウルに練乳、生クリーム、オイルを入れ、泡立て器で混ぜる。

2 薄力粉、ベーキングパウダー、粉砂糖、スキムミルクを合わせてふるい入れる。

3 ゴムベラで混ぜ合わせて一つにまとめ、ラップで包んで冷蔵庫で10分冷やす。

4 コーヒー生地を作る。ボウルに練乳、生クリーム、オイル、コーヒーを入れ、泡立て器でよく混ぜてコーヒーを溶かす。

5 薄力粉、ベーキングパウダー、粉砂糖を合わせてふるい入れ、ゴムベラで混ぜ合わせ、一つにまとめる。ラップで包んで冷蔵庫で10分冷やす。

6 二つの生地をそれぞれ30cm長さの棒状にのばし、二つを合わせてひねる。そのまま三角形に成型してラップで包み、冷凍庫で30分かためる。

7 オーブンは160℃に予熱する。*6* の生地を8mm幅に切り分ける。

8 天板に並べ、160℃のオーブンで13分ほど焼く。

三つの生地を重ねてひねって成形します。
どんな模様になるか焼き上がりが楽しみ

82 迷彩マーブルクッキー

材料 (27個分くらい)

プレーン生地
- 薄力粉 ……………………… 50g
- アーモンドプードル ……… 5g
- 粉砂糖 ……………………… 20g
- ベーキングパウダー ……… 0.3g
- 塩 …………………………… 0.2g
- オイル(太白ごま油) ……… 15g
- 溶き卵 ……………………… 8g
- 牛乳 ………………………… 2g

ココア生地
- 薄力粉 ……………………… 47g
- ブラックココアパウダー* …………………………… 2g
- 粉砂糖 ……………………… 20g
- ベーキングパウダー ……… 0.3g
- 塩 …………………………… 0.2g
- オイル(太白ごま油) ……… 15g
- 溶き卵 ……………………… 8g
- 牛乳 ………………………… 2g

抹茶生地
- 薄力粉 ……………………… 47g
- 抹茶 ………………………… 2g
- 粉砂糖 ……………………… 20g
- ベーキングパウダー ……… 0.3g
- 塩 …………………………… 0.2g
- オイル(太白ごま油) ……… 15g
- 溶き卵 ……………………… 8g
- 牛乳 ………………………… 2g

＊深い黒色と強い苦味が特徴のココアパウダー。

準備
- 天板にオーブンシートを敷く。

1　プレーン生地を作る。ボウルに薄力粉、アーモンドプードル、粉砂糖、ベーキングパウダー、塩を入れて泡立て器で混ぜ、オイルを入れる。

2　カードで切るようにして混ぜ、サラサラの状態にする。

3　溶き卵と牛乳を加え、指先でもみ込むようにして全体になじませ、一つにまとめる。

4　ココア生地、抹茶生地も同様にして作る。プレーン生地は⅔量と⅓量に切り分け、残りの二つの生地は半分ずつに切り分ける。

5　オーブンシートの上でそれぞれの生地をめん棒で2〜3mm厚さの円形にのばし、大きなプレーン生地を一番下にして横にずらしながら重ねる。

6　軽く巻き、生地が自然に破れていいので、おしぼりのように軽くひねって16cmくらいの長さにする。

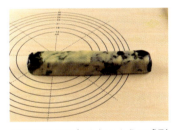

7　断面が四角くなるように成形し、ラップで包んで冷凍庫で1時間以上かためる。

8　オーブンを160℃に予熱する。7の生地のラップをはずし、5mm幅に切り分けて天板に並べ、160℃のオーブンで20分ほど焼く。

アイスボックスクッキー

アイスボックスクッキーの定番。
ここではプレーン&ココアを紹介
83 渦巻きクッキー

材料（40個分くらい）

プレーン生地
- 卵黄 …………………… 1個分
- 粉砂糖 ………………… 40g
- オイル(太白ごま油)……… 20g
- バニラオイル …………… 3滴
- 薄力粉 ………………… 100g
- 塩 ……………………… 0.5g
- 牛乳 …………………… 8g

ココア生地
- 卵黄 …………………… 1個分
- 粉砂糖 ………………… 40g
- オイル(太白ごま油)……… 20g
- バニラオイル …………… 3滴
- 薄力粉 ………………… 95g
- ココアパウダー ………… 5g
- 塩 ……………………… 0.5g
- 牛乳 …………………… 10g

卵白 …………………………… 適量

準備
● 天板にオーブンシートを敷く。

1　プレーン生地を作る。ボウルに卵黄、粉砂糖を入れ、ハンドミキサーで、白っぽくなってカサが2倍くらいになるまで泡立てる。

2　オイル、バニラオイルを加えてさらに泡立て、薄力粉と塩を合わせてふるい入れ、ゴムベラでさっくりと混ぜ、サラサラになるまで切り混ぜる。

3　牛乳を加え、指先でこねて一つにまとめる。こねすぎないようにする。

4　ラップで包み、冷蔵庫で30分ほど休ませる。

5　ココア生地を作る。作り方1～4を参照して生地を作るが、作り方2で薄力粉、塩と一緒にココアパウダーも加える。

6　それぞれの生地をめん棒で3mm厚さ、28×22cmの長方形にのばす。

7　プレーン生地の上に卵白を刷毛で薄くぬり、ココア生地を少しずらしてのせる。手前からくるくると巻き、ラップで包んで冷凍庫で1時間かためる。

8　オーブンを170℃に予熱する。7の生地のラップをはずし、6～7mm幅に切り分けて天板に並べ、160℃に下げたオーブンで18～20分焼く。

渦巻きクッキーのアレンジ。
2色の生地を交互に重ねます
84 ストライプクッキー

材料（40個分くらい）
プレーン生地……… p.111と同量
ココア生地………… p.111と同量
卵白……………………………適量

準備
● 天板にオーブンシートを敷く。

1 プレーン生地、ココア生地ともにp.111の作り方 *1〜5* を参照して作り、四角にざっと整えてラップで包み、冷蔵庫で30分ほど休ませる。

2 それぞれの生地を4等分にし、4cm幅、5mm厚さの帯状にめん棒でのばす。

3 プレーン生地1枚の上に卵白を刷毛で薄くぬり、ココア生地1枚を重ねてのせる。同様にしてプレーン生地、ココア生地を、卵白をぬりながら交互に重ねていく。

4 ラップで包み、冷凍庫で1時間かためる。

5 オーブンを170℃に予熱する。*4* の生地のラップをはずし、7mm幅に切り分けて天板に並べ、160℃に下げたオーブンで18〜20分焼く。

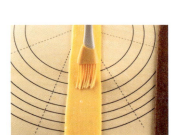

帯状にのばした生地に、のり代わりに卵白を薄くぬる。

プレーン生地とココア生地を交互に重ねていく。

重ねたら冷凍庫でかため、かたまったら薄く切り分けて焼く。

材料（50個分くらい）
プレーン生地……… p.111と同量
ココア生地………… p.111と同量
卵白 ………………………… 適量

準備
● 天板にオーブンシートを敷く。

それぞれをきちっと棒状に成形し、卵白でぴったりとくっつける。

1 プレーン生地、ココア生地ともにp.111の作り方1〜5を参照して作り、四角にざっと整えてラップで包み、冷蔵庫で30分ほど休ませる。

2 それぞれの生地を4等分にし、1.5cm角の棒状にする。

3 プレーン生地とココア生地を市松模様になるように交互に重ねる。生地同士がしっかりくっつくように卵白を刷毛で薄くぬり、ぴったりとくっつける。

4 ラップで包み、冷凍庫で1時間かためる。

5 オーブンを170℃に予熱する。4の生地のラップをはずし、6mm幅に切り分けて天板に並べ、160℃に下げたオーブンで18〜20分焼く。

切り分けるときれいな市松模様になる。これをオーブンで焼く。

アイスボックスクッキー

アイスボックスクッキーのバリエーション。直角に成形するのがポイントです

85 市松模様クッキー

Column
本書で使ったおもな材料一覧

材料によって仕上がりに違いが出る場合もあります。ご参考までに、本書で使った材料の商品名をまとめました。

[基本の粉類]

薄力粉●富澤商店　バイオレット（日清製粉）
https://tomiz.com/item/00000803

薄力全粒粉●富澤商店　菓子用全粒粉
https://tomiz.com/item/00001601

強力粉●富澤商店　カメリヤ（日清製粉）
https://tomiz.com/item/00000403

アーモンドプードル●富澤商店　皮無アーモンドプードル
https://tomiz.com/item/00250002

コーンスターチ●富澤商店　コーンスターチ
https://tomiz.com/item/00005703

米粉●富澤商店　熊本県産米（ミズホチカラ）製菓用米粉
https://tomiz.com/item/01782300

[砂糖類]

グラニュー糖●クルルマーク　グラニュ糖（ウェルネオシュガー）
https://www.wellneo-sugar.co.jp/product/home/granu2/

粉砂糖●富澤商店　粉砂糖
https://tomiz.com/item/00004602

はちみつ●
ウクライナ産　純粋はちみつ（正栄）
https://shoei-honey.co.jp/product/

微粒子グラニュー糖●富澤商店　微粒子グラニュー糖
https://tomiz.com/item/00003806

白ざらめ糖●白ザラ糖（ウェルネオシュガー）
https://www.wellneo-sugar.co.jp/product/home/sirozara/

きび砂糖●きび砂糖（ウェルネオシュガー）
https://www.wellneo-sugar.co.jp/product/home/kibi_750g/

[油脂]

太白ごま油●富澤商店　製菓用太白胡麻油（竹本油脂）
https://tomiz.com/item/01338801

[乳製品]

生クリーム●明治おいしい生クリーム（明治）
https://www.meiji.co.jp/products/cream/4902705088757.html

牛乳●明治おいしい牛乳（明治）
https://www.meiji.co.jp/products/milk_drink/4902705126558.html

練乳●森永ミルク　加糖れん乳（森永乳業）
https://www.morinagamilk.co.jp/products/dryfood/rennyu/254.html

クリームチーズ●Luxe（リュクス）クリームチーズ（北海道乳業）
http://shop.hokunyu.jp/shopdetail/001000000013/

ギリシャヨーグルト●
ギリシャヨーグルト パルテノ プレーン砂糖不使用（森永乳業）
https://www.morinagamilk.co.jp/products/yoghurt/partheno/1015.html

スキムミルク●北海道スキムミルク（よつ葉乳業）
https://www.yotsuba-shop.com/

[その他]

いちごパウダー●富澤商店　フリーズドライパウダー ストロベリー
https://tomiz.com/item/00225000

抹茶●丸久小山園　食品加工用抹茶　白蓮
https://www.marukyu-koyamaen.co.jp/maker/food.html

重曹●富澤商店　重曹（チヨダ）
https://tomiz.com/item/01694900

ベーキングパウダー●富澤商店　富澤商店ベーキングパウダー
https://tomiz.com/item/00216400

チョコチップ●富澤商店　チョコチップ
https://tomiz.com/item/00200703

いちごジャム●ボンヌママン　ストロベリージャム（エスビー食品）
https://www.bonnemaman.jp/product/

アーモンドスライス●富澤商店　アーモンドスライス（ロースト）
https://tomiz.com/item/00250201

ピーナッツバター●SKIPPY®ピーナッツバタースーパーチャンク（ホーメルフーズジャパン）
https://www.peanutbutter.jpn.com/products/skippyS.html

バニラオイル●富澤商店　TOMIZAWA バニラオイル
https://tomiz.com/item/00300300

ホワイトチョコレート●明治ホワイトチョコレート（明治）
https://www.meiji.co.jp/products/chocolate/05630.html

緑茶パウダー●富澤商店　緑茶パウダー
https://tomiz.com/item/00490101

ミックスナッツ●富澤商店　ミックスナッツロースト
https://tomiz.com/item/00842702

ドレンチェリー（赤）●富澤商店　ドレンチェリー（赤）
https://tomiz.com/item/00184501

ドレンチェリー（緑）●富澤商店　ドレンチェリー（緑）
https://tomiz.com/item/00184602

カカオニブ●富澤商店　カカオニブ（有機栽培使用）
https://tomiz.com/item/01413800

マシュマロ●ホワイトマシュマロ（エイワ）
https://www.eiwamm.co.jp/products/white-marshmallow/

ブラックココアパウダー●富澤商店　ブラックココアパウダー
https://tomiz.com/item/00219201

パータグラッセ●
富澤商店　パータグラッセ　ラ・プルミエール スイート
https://tomiz.com/item/01079001

きな粉●富澤商店　きな粉（北海道産大豆）
https://tomiz.com/item/00259501

紅茶の茶葉（アールグレイ）●富澤商店　アールグレイ
https://tomiz.com/item/00128001

クイックオーツ●富澤商店　オートミール
https://tomiz.com/item/00203803

ココナッツファイン●富澤商店　ココナッツファイン
https://tomiz.com/item/00199604

ココナッツオイル●
有機EVココナッツオイル（ブラウンシュガーファースト）
https://brownsugar1st.com/c/oil/101018

ドライりんご●富澤商店　ドライアップル（チャンク）
https://tomiz.com/item/00430301

マロンペースト●富澤商店　サバトン　マロンペースト
https://tomiz.com/item/00079601

絞り出しクッキー

絞り出しクッキーは、クッキー生地を絞り袋に入れて
天板に絞り出し、そのままオーブンで焼き上げるクッキー。
使う口金や絞り方によって、バリエーションは無限大。
ジャムをのせて焼いたり、クリームをはさんだりすると
華やかさが出るのも魅力です。
ここでは、余りがちな卵白で作るメレンゲクッキーも紹介します。

part
5

ノンオイルで作るシンプルクッキー。
サクサクッと、軽い食べ心地です

86 ノンオイル卵クッキー プレーン

87 ノンオイル卵クッキー 抹茶

材料（21個分）

プレーン
- 卵 …………………… 1個
- グラニュー糖 ………… 30g
- バニラオイル ………… 2滴
- 薄力粉 ………………… 40g

抹茶
- 卵 …………………… 1個
- グラニュー糖 ………… 30g
- バニラオイル ………… 2滴
- 薄力粉 ………………… 38g
- 抹茶 …………………… 2g

準備
- オーブンは130℃に予熱する。

1 天板を裏返して使う。直径4.5cmの円をオーブンシートに描いて、ひっくり返した天板の上に敷いておく。

2 プレーン
ボウルに卵、グラニュー糖を入れてハンドミキサーでしっかりと泡立て、バニラオイルを加えて低速でキメを整え、薄力粉をふるい入れる。

3 ゴムベラでさっくりと混ぜる。カサが半分程度になり、ツヤが出たらOK。

4 計量カップなど縦長の容器に絞り袋を入れて上部を折り返し、生地を入れる。

5 容器から取り出し、生地を先端に向かって詰め、絞り袋の上部をキュッと閉じる。先端をハサミで5mmほど切る。

6 オーブンシートに描いた円に合わせて絞り出す。

7 天板をトントンと台に落として生地の空気を抜き、130℃のオーブンで40分ほど焼く。

1 抹茶
プレーンの作り方2で、薄力粉と一緒に抹茶をふるい入れ、あとは同様にして作って天板に絞り出し、130℃のオーブンで38分ほど焼く。

絞り出しクッキー

プレーンクッキーに
シンプルなチョコクリームをはさみます

88 チョコガナッシュサンドクッキー

材料（10個分）
卵クッキー（プレーン）……… 20個
ダークチョコレート ………… 30g
生クリーム（乳脂肪分40％以上）
　………………………………… 20g

準備
● 生クリームは室温に戻す。

1 ボウルにチョコレートを割って入れる。

2 生クリームを鍋に入れて熱々に熱し、*1* に注ぎ入れる。3分ほどおき、泡立て器で真ん中からやさしく混ぜる。ムラなく溶けたら粗熱を取る。

3 p.117の作り方 *4〜5* を参照して絞り袋に入れる。

4 クッキーを2個1組にし、1個の裏側に *3* を適量絞り出し、もう1個をのせてサンドする。冷蔵庫でチョコクリームがかたまるまでよく冷やす。

チョコレートに熱々の生クリームを加えたら、少しおくと混ぜやすい。

チョコクリームは絞り袋を使ってのせると仕上がりがきれい。

材料（10個分）

卵クッキー（抹茶）............ 20個
ホワイトチョコレート........ 30g
生クリーム（乳脂肪分40％以上）
　.................................... 15g

準備

● 生クリームは室温に戻す。

1. ボウルにチョコレートを割って入れ、生クリームを加え、60℃くらいの湯せんにかけてゆっくり溶かす。溶けたら泡立て器で混ぜてなめらかにする。

2. p.117の作り方 4～5 を参照して絞り袋に入れる。

3. クッキーを2個1組にし、1個の裏側に 2 を適量絞り出し、もう1個をのせてサンドする。冷蔵庫でチョコクリームがかたまるまで冷やす。

チョコレートと生クリームを湯せんにかけ、チョコレートが溶けたら混ぜる。

ホワイトチョコクリームを絞り出す。抹茶クッキーとよく合う。

抹茶クッキーに
ホワイトチョコクリームをはさみます

89 ホワイトチョコガナッシュサンドクッキー

絞り出しクッキー

子どもたちが幼い頃に
よく作っていた「ママの味」。
たくさん焼いて缶や保存瓶に入れておいても

90
ソフトクッキー
レモンシュガー

91 ソフトクッキー
あんこ

材料（作りやすい分量）

レモンシュガー
- 上白糖 …………………… 40g
- 塩 …………………………… 1g
- バニラオイル ……………… 2滴
- オイル（太白ごま油）………… 30g
- 卵 ………………………… 1個
- レモンの搾り汁 …………… 10g
- 薄力粉 …………………… 100g
- ベーキングパウダー ……… 5g
- トッピングシュガー* ……… 適量

*グラニュー糖より粒子が大きく、サクサクとした食感が楽しめる。

あんこ
- 上白糖 …………………… 30g
- 塩 …………………………… 1g
- オイル（太白ごま油）………… 30g
- 卵 ………………………… 1個
- こしあん ………………… 40g
- 薄力粉 …………………… 60g
- ベーキングパウダー ……… 5g
- けしの実（黒、白）………… 各適量

準備
- 天板にオーブンシートを敷く。
- オーブンは160℃に予熱する。

1 レモンシュガー
ボウルに上白糖、塩、バニラオイル、オイル、卵、レモンの搾り汁を入れ、泡立て器でよく混ぜる。

1 あんこ
ボウルに上白糖、塩、オイル、卵、こしあんを入れ、泡立て器でよく混ぜ、薄力粉、ベーキングパウダーを合わせてふるい入れ、ゴムベラで混ぜる。

2 薄力粉、ベーキングパウダーを合わせてふるい入れる。

2 レモンシュガーの作り方 *3* と同様にして天板に絞り出し、スプーンの背にオイル（太白ごま油）少々（分量外）をつけて表面を軽くならす。

3 ゴムベラで混ぜて生地のでき上がり。絞り袋に入れ（p.117の作り方 *4〜5* 参照）、先端をハサミで5mmほど切り、直径3.5cmに天板に絞り出す。

3 めん棒の先にオイル（太白ごま油）少々（分量外）をぬってけしの実をつけ、*2* にスタンプを押すようにしてつける。

4 トッピングシュガーをのせ、160℃のオーブンで9分ほど焼く。

4 160℃のオーブンで9分ほど焼く。

絞り出しクッキー

ドレンチェリーをのせて焼き上げた、
ちょっぴりレトロなクッキーです

92 ドレンチェリーの
レトロクッキー

材料（20〜21個分）

- 水 ……………………… 10g
- 卵黄 …………………… 1個分
- 粉砂糖 ………………… 20g
- 練乳 …………………… 10g
- オイル（太白ごま油）…… 30g
- 薄力粉 ………………… 30g
- 強力粉 ………………… 30g
- アーモンドプードル …… 20g
- ドレンチェリー（赤、緑）…… 各5個

準備

- 天板にオーブンシートを敷く。
- オーブンは180℃に予熱する。

1 ドレンチェリーは小さく切る。

5 ゴムベラで混ぜる。

2 ボウルに水、卵黄、粉砂糖、練乳を入れ、泡立て器でよく混ぜる。

6 絞り袋に入れ（p.117の作り方*4*〜*5*参照）、先端をハサミで2cmほど切り、直径2.5cmくらいに天板に絞り出す。

3 オイルを少しずつ加えながら混ぜ、乳化させる。

7 ドレンチェリーをのせ、170℃に下げたオーブンで18分ほど焼く。

4 薄力粉、強力粉、アーモンドプードルを合わせてふるい入れる。

絞り出しクッキー

大人気のジャムクッキー。
口金を使って華やかに仕上げます

93 ロシアンクッキー
　　プレーン

94 ロシアンクッキー
　　ココア味

材料（各9〜10個分）

プレーン
- 水 …………………………… 8g
- 卵黄 ………………………… 1個分
- 粉砂糖 ……………………… 20g
- 練乳 ………………………… 10g
- オイル（太白ごま油）……… 30g
- 薄力粉 ……………………… 30g
- 強力粉 ……………………… 30g
- コーンスターチ …………… 10g
- いちごジャム（裏漉しタイプ） …………………………… 10g

ココア味
- 水 …………………………… 8g
- 卵黄 ………………………… 1個分
- 粉砂糖 ……………………… 20g
- 練乳 ………………………… 10g
- オイル（太白ごま油）……… 30g
- 薄力粉 ……………………… 26g
- 強力粉 ……………………… 30g
- ココアパウダー …………… 4g
- コーンスターチ …………… 10g
- いちごジャム（裏漉しタイプ） …………………………… 10g

準備
- 天板にオーブンシートを敷く。
- オーブンは170℃に予熱する。

1 プレーン
ボウルに水、卵黄、粉砂糖、練乳を入れて泡立て器でよく混ぜ、オイルを少しずつ加えながら混ぜ、乳化させる。

2 薄力粉、強力粉、コーンスターチを合わせてふるい入れ、ゴムベラで混ぜる。

3 口金をつけた絞り袋に入れる。口金は、2cm角の四角形で四面ともにギザギザが入ったムカデ口金を使用。

4 天板にていねいに絞り出す。

5 オイル（太白ごま油）少々（分量外）をぬった小さじなどで真ん中を凹ませる。

6 170℃のオーブンで5分焼く。

7 いったん取り出し、ジャムを絞り袋に入れて真ん中の凹みに少なめに入れ、160℃に下げたオーブンで20分焼く。

1 ココア味
プレーンの作り方2でココアパウダーも一緒にふるい入れ、あとは同様にして焼く。

絞り出しクッキー

ココナッツ味のクッキーと
チョコの取り合わせが絶妙です

95 チョコがけ
ココナッツクッキー

材料（16〜18個分）

溶き卵	15g
グラニュー糖	15g
練乳	10g
オイル（ココナッツオイル）	20g
薄力粉	50g
ココナッツファイン	15g
パータグラッセ*	30g
仕上げ用	
ココナッツファイン	適量

＊コーティング用チョコレート。
　製菓材料店やネットなどで購入可。

準備

- 天板にオーブンシートを敷く。
- オーブンは160℃に予熱する。

1 ボウルに溶き卵、グラニュー糖、練乳を入れて泡立て器でよく混ぜ、オイルを3回に分けて加え、その都度よく混ぜて乳化させる。

2 薄力粉をふるいながら加え、ココナッツファインを入れて、ゴムベラで混ぜて一つにまとめる。

3 絞り袋に入れ（p.117の作り方 4〜5 参照）、先端をハサミで7mmほど切り、天板に6cm長さに5本絞る。隙間ができないようにていねいに絞る。

4 160℃のオーブンで15分ほど焼く。

5 焼き上がり。冷めたらオーブンシートからはずす。

6 ボウルにパータグラッセを入れて湯せんにかけて溶かし、5のクッキーの⅓くらいをつける。

7 パータグラッセをつけた部分にココナッツファインをたっぷりとつける。

8 オーブンシートまたは網の上にのせ、パータグラッセがかたまるまでおく。

絞り出しクッキー

大きめの口金で蛇行して絞るのがポイント。
さっくりボリュームのあるのが特徴です

96 ウィーン風クッキー プレーン

97 ウィーン風クッキー チョコがけ

材料（合わせて7個分）

プレーン
- 水 …………………………… 8g
- 卵黄 ………………………… 1個分
- 粉砂糖 ……………………… 20g
- 練乳 ………………………… 10g
- オイル（太白ごま油）………… 30g
- 薄力粉 ……………………… 30g
- 強力粉 ……………………… 30g
- コーンスターチ …………… 10g

チョコがけ用
- パータグラッセ*（ダーク） …………………………… 30g
- パータグラッセ（ホワイト） …………………………… 30g
- ピスタチオ（ダイス**）…… 適量
- フリーズドライフレーク***
  （クランベリー）…………… 適量

* コーティング用チョコレート。製菓材料店やネットなどで購入可。
** ダイス状のものがなければ、ホールのものを細かく刻む。
*** フレーク状に乾燥させたトッピング材料。製菓材料店やネットなどで購入可。

準備
- 天板にオーブンシートを敷く。
- オーブンは170℃に予熱する。

絞り出しクッキー

1 プレーン
ボウルに水、卵黄、粉砂糖、練乳を入れて泡立て器でよく混ぜ、オイルを少しずつ加えて乳化させる。

2 強力粉、薄力粉、コーンスターチをふるい入れ、ゴムベラで切るようにして混ぜる。

3 口金をつけた絞り袋に入れる。口金は、星形口金10切を使用。大きめの口金が向いている。

4 天板に、蛇行しながら3cm幅、6cm長さに絞り出す。最後、生地が足りないようなら、蛇行しないで絞る。

5 170℃のオーブンで15分、160℃に下げて10分焼く。冷めたらオーブンシートからはずす。

1 チョコがけ
ボウルや小鍋に2種のパータグラッセをそれぞれ入れ、湯せんで溶かす。5に適量をつける。

2 ダークにはピスタチオ、ホワイトにはクランベリーのフリーズドライフレークをつけ、パータグラッセがかたまるまでおく。

ミルククッキー生地と絞り出し生地をさっくり焼いて
レモンカスタードを絞った、スペシャルレシピ

98 レモンカスタードクッキー

材料（10個分）

ミルククッキー生地（p.75参照）
　………………………… 150g
絞り出し生地
　溶き卵 ………………… 10g
　グラニュー糖 ………… 15g
　練乳 …………………… 10g
　オイル（太白ごま油）… 20g
　薄力粉 ………………… 40g
　アーモンドプードル … 10g

レモンカスタード
　レモンの搾り汁 ……… 20g
　卵 ……………………… 1個
　牛乳 …………………… 30g
　コーンスターチ ……… 7g
　グラニュー糖 ………… 15g
　ピスタチオ（ダイス＊）… 適量
仕上げ用
　粉砂糖（溶けないタイプ＊＊）… 適量

＊　ダイス状のものがなければ、ホールのものを細かく刻む。
＊＊甘さ控えめで溶けにくいので、仕上げ用に適している。

準備
●天板にオーブンシートを敷く。
●オーブンは170℃に予熱する。

1 ミルククッキー生地はp.75の材料と作り方 *1* ～ *4* を参照して作り、3mm厚さにのばして直径5cmの丸型で10個抜き、天板に並べる。

2 絞り出し生地を作る。ボウルに溶き卵、グラニュー糖、練乳を入れて泡立て器でよく混ぜ、オイルを少しずつ入れて乳化させる。

3 薄力粉、アーモンドプードルを合わせてふるい入れ、ゴムベラでさっくりと混ぜる。

4 絞り袋に入れ（p.117の作り方 *4* ～ *5* 参照）、先端をハサミで6mmほど切る。

5 *1* の生地の縁に沿って2巻き絞り出し、3巻き目を上に絞り出して高さを出す。170℃のオーブンで7分ほど焼く。いったん取り出して冷ます。

6 レモンカスタードを作る。ボウルにレモンの搾り汁、卵、牛乳を入れ、泡立て器で混ぜる。

7 別のボウルにコーンスターチ、グラニュー糖を入れ、*6* を少しずつ加えながら混ぜ、漉す。電子レンジで1分30秒加熱して混ぜ、その後30秒ずつ様子を見ながら加熱して混ぜる。

8 もったりとしたら絞り袋に入れ、*5* の凹みに入れ、ピスタチオを飾る。160℃に下げたオーブンで10分ほど焼く。仕上げに茶漉しで粉砂糖をふる。

メレンゲで作る、
ソフトタイプの焼き菓子。
細長く絞って焦げ色をつけずに
焼き上げます

99
フィンガービスケット

材料（16個分）

メレンゲ
　卵白 …………………… 1個分
　グラニュー糖 …………… 20g
卵黄 …………………… 1個分
バニラオイル …………… 2滴
強力粉 …………………… 20g
薄力粉 …………………… 20g
ベーキングパウダー …… 0.3g
粉砂糖 …………………… 適量

準備
- 卵は卵白と卵黄に分け、卵白は冷蔵庫で冷やす。
- 天板にオーブンシートを敷く。
- オーブンは170℃に予熱する。

1 メレンゲを作る。ボウルに卵白を入れ、グラニュー糖を3回に分けて加えながら、ハンドミキサーで角が立つまでしっかりと泡立てる。

2 1に卵黄、バニラオイルを加えて全体に混ぜる。

3 強力粉、薄力粉、ベーキングパウダーを合わせてふるい入れる。

4 粉気がなくなってなめらかになるまで混ぜる。

5 生地のでき上がり。

6 口金をつけた絞り袋に入れる。口金は、直径1.5cmの丸形を使用。

7 天板に10cm長さに絞り出し、粉砂糖を茶漉しで軽くふり、170℃のオーブンで17分ほど焼く。

絞り出しクッキー

101
メレンゲクッキー いちご

サクサクッの食感は
メレンゲならでは。
丸形と菊形の口金を使って
2種作ります

100
メレンゲクッキー バニラ

材料（各60個分くらい）

バニラ
- 卵白 …………………… 40g
- 粉砂糖 ………………… 50g
- バニラエッセンス ……… 3滴
- コーンスターチ ………… 30g

いちご
- 卵白 …………………… 40g
- 粉砂糖 ………………… 50g
- コーンスターチ ………… 28g
- いちごパウダー＊ ……… 5g

＊フリーズドライのいちごパウダー。いちごの香りと味がしっかり感じられる。

準備
- 卵白は冷蔵庫で冷やす。
- 天板にオーブンシートを敷く。
- オーブンは110℃に予熱する。

絞り出しクッキー

1 バニラ
ボウルに卵白を入れてハンドミキサーでほぐす。

2 粉砂糖を2回に分けて加えながら、角が立つまでしっかりと泡立てる。5分くらいかかる。

3 バニラエッセンスを加えて混ぜ、コーンスターチを入れてゴムベラで切るようにして混ぜる。

4 なめらかになってツヤが出たらメレンゲ生地の完成。

5 口金をつけた絞り袋に入れる。口金は、直径1.5cmの丸形を使用。

6 天板にぷっくりと絞り出し、110℃のオーブンで100〜130分しっかりと乾燥させる。様子を見ながら焼き時間は調整する。

1 いちご
バニラの作り方 1〜2 を参照して卵白を泡立て、コーンスターチといちごパウダーを混ぜたものを加え、ゴムベラで切るようにして混ぜる。

2 菊形口金15切をつけた絞り袋に入れて天板に絞り出し、いちごパウダー（分量外）を茶漉しでふり、110℃のオーブンで100〜130分乾燥させる。

gemomoge

フードフォトグラファー・調理師。2016年から、はてなブログでカナダとアメリカ在住の間に習得した現地の焼き菓子を中心にレシピを公開、延べ1500万以上のアクセス数を誇る。日々のお菓子作りを投稿しているインスタグラムも人気で、10万人超（2024年11月現在）のフォロワーを獲得。現在サブスクオンライン教室「gemomoge club」を運営。♯gemomogeさんレシピには実際に作ってみた方から1万件以上のレポートが寄せられている。著書に『このおいしさ、まるでプロ級！ 味わいリッチな焼き菓子レシピ』『味わいリッチなチーズケーキ 定番から初めてのおいしさまで』『おやつの時間 毎日作れる秘密のレシピ』（ともに小社刊）。

ブログ『さっさっさっと今日のおやつ』
https://www.gemomoge.net/

インスタグラム
@gemomoge

X
@gemomogemo

とびきりの香りと食感、ぎゅっと！
オイルで作る 味わいリッチなクッキーレシピ101

2024年12月5日　初版発行

著者／gemomoge
発行者／山下 直久
発行／株式会社KADOKAWA
〒102-8177　東京都千代田区富士見2-13-3
電話　0570-002-301（ナビダイヤル）

印刷所／TOPPANクロレ株式会社
製本所／TOPPANクロレ株式会社

本書の無断複製（コピー、スキャン、デジタル化等）並びに無断複製物の譲渡および配信は、著作権法上での例外を除き禁じられています。また、本書を代行業者等の第三者に依頼して複製する行為は、たとえ個人や家庭内での利用であっても一切認められておりません。

●お問い合わせ
https://www.kadokawa.co.jp/ （「お問い合わせ」へお進みください）
※内容によっては、お答えできない場合があります。
※サポートは日本国内のみとさせていただきます。
※Japanese text only

定価はカバーに表示してあります。

©gemomoge 2024　Printed in Japan
ISBN 978-4-04-607052-4　C0077